国家级 抗战纪念设施、遗址

民政部优抚安置局　编

中国社会出版社
国家一级出版社·全国百佳图书出版单位

图书在版编目（CIP）数据

国家级抗战纪念设施、遗址 / 民政部优抚安置局编. -- 北京：中国社会出版社，2015.8

ISBN 978-7-5087-5143-6

Ⅰ. ①国… Ⅱ. ①民… Ⅲ. ①抗日战争－革命纪念地－介绍－中国 Ⅳ. ① K878.23

中国版本图书馆 CIP 数据核字 (2015) 第 196159 号

书　　名：国家级抗战纪念设施、遗址

编　　者：民政部优抚安置局

出 版 人：浦善新

终 审 人：李　浩

责任编辑：朱永玲　姜婷婷　　**责任校对**：朱文静

出版发行：中国社会出版社　　**邮政编码**：100032

通联方法：北京市西城区二龙路甲 33 号

电　　话：编辑部：（010）51284828

邮购部：（010）58124845

销售部：（010）58124827

传　真：（010）58124870

网　　址：www.shcbs.com.cn

经　　销：各地新华书店

中国社会出版社天猫旗舰店

印刷装订：中国电影出版社印刷厂

开　　本：185mm×260mm　1 / 16

印　　张：12.5

字　　数：168 千字

版　　次：2015 年 11 月第 1 版

印　　次：2015 年 11 月第 1 次印刷

定　　价：80.00 元

中国社会出版社微信公众号

《国家级抗战纪念设施、遗址》
编辑编委会

《国家级抗战纪念设施、遗址》
编辑编委会

前　言

为隆重纪念中国人民抗日战争暨世界反法西斯战争胜利70周年，经党中央、国务院批准，国务院先后于2014年9月1日、2015年8月24日发出通知，公布两批共180处国家级抗战纪念设施、遗址名录。

国务院通知指出，各地区、各有关部门要进一步加强抗战纪念设施、遗址的保护管理，做好抗战史料文物和英烈事迹的发掘整理、宣传陈展工作，广泛组织开展群众性拜谒、参观活动，教育引导广大群众特别是青少年充分认清日本法西斯侵略者犯下的罪行，牢记中华民族抵御侵略、奋勇抗争的历史以及中国人民为世界反法西斯战争胜利作出的巨大民族牺牲和重要历史贡献，学习宣传抗日英烈的英雄事迹，大力弘扬伟大的民族精神和抗战精神，进一步增强民族凝聚力、向心力，为实现中华民族伟大复兴的中国梦不懈奋斗。

编　者

2015年9月

目 录

第一批 国家级抗战纪念设施、遗址

北京市

天津市

河北省

山西省

内蒙古自治区

辽宁省

目 录

目录

安徽省

江西省

山东省

河南省

湖北省

湖南省

目 录

目录

第二批 国家级抗战纪念设施、遗址

北京市

河北省

山西省

目　录

内蒙古自治区

辽宁省

吉林省

黑龙江省

上海市

江苏省

目 录

目 录

目录

第一批

国家级抗战纪念设施、遗址

中国人民抗日战争纪念馆

★ 位于北京市丰台区宛平城内

中国人民抗日战争纪念馆，是全国唯一一家全面反映中国人民伟大抗日战争历史的大型综合性专题纪念馆。纪念馆位于中华民族全面抗战爆发的卢沟桥事变发生地——北京市丰台区宛平城内。1987年7月7日，纪念馆建成开馆，邓小平同志题写馆名，历经1997年、2005年、2010年三次改造扩建。纪念馆占地面积3.5万平方米，建筑面积2.1万平方米，陈列面积6700平方米，馆藏文物2.5万余件。纪念馆主题展览共分《民族危急，救亡兴起》《国共合作，共赴国难》《抗战灯塔，中流砥柱》《日军暴行，惨绝人寰》《浴血疆场，民族壮歌》《得道多助，国际援助》《历史胜利，巨大贡献》和《以史为鉴，面向未来》八个部分，展出历史图片640余幅。纪念馆正前方建有8600平方米的抗战广场，广场中央矗立着象征中华民族觉醒的“卢沟醒狮”，设立永久性“独立自由勋章”纪念雕塑。中国人民抗日战争纪念馆于1997年被中央宣传部公布为全国爱国主义教育示范基地；2005年被全国红色旅游工作协调小组公布为全国红色旅游经典景区；2008年被国家文物局公布为国家一级博物馆；2009年被国家国防教育办公室公布为国家国防教育示范基地；2010年被中央纪委公布为全国廉政教育基地；2011年被国家旅游局公布为国家AAAA级旅游景区。

中国人民抗日战争纪念馆正门

中国人民抗日战争纪念馆内

卢沟桥全景

宛平城城门

宛平城、卢沟桥

★ 位于北京市丰台区

宛平城、卢沟桥，是中华民族揭开全民族抗战序幕的历史见证。1937年7月7日，日军在宛平县卢沟桥北部地区举行军事演习，借口一名士兵失踪，要求进城搜查，遭到中国驻军严正拒绝，日军借机包围宛平城。翌晨4时50分，日军突然向宛平城发动攻击，中国守军奋起还击，爆发了震惊世界的“七七”事变，又称“卢沟桥事变”。宛平城原名为“拱北城”，清代改为“拱极城”，始建于公元1638年。宛平城东西长640米，南北宽320米，总面积20.8公顷。卢沟桥始建于公元1189年，是华北地区现存最古老最长的一座十一孔联拱石桥。桥长266.5米，宽9.3米，桥上雕有精美的大小石狮501个。桥东有清朝乾隆御笔的“卢沟晓月”碑，“卢沟晓月”是著名的燕京八景之一。宛平城和卢沟桥于1961年被国务院公布为全国重点文物保护单位；1995年被北京市人民政府公布为爱国主义教育基地；2005年被全国红色旅游工作协调小组公布为全国红色旅游经典景区。

平北抗日烈士纪念园

平北抗日战争纪念碑

★ 位于北京市延庆县旧县镇韩郝庄村

平北，是指抗日战争时期的北平（今北京）、张家口、承德三角地区，地处伪满洲、伪蒙疆、伪华北三个伪政权的接合部，战略地位十分重要。1938年6月，八路军第4纵队经平北地区挺进冀东；1940年1月5日，在后七村霹破石建立了平北地区第一个抗日民主政权——昌延联合县人民政府，继而扩大成立了平北抗日根据地。抗战期间，日军在平北抗日根据地强制实行“三光政策”，制造千里无人区，仅在龙烟铁矿就屠杀矿工两万七千余人。面对日军的暴行，平北抗日根据地军民同仇敌忾、英勇抗敌，仅龙关、赤城两县，平均每6人中就有1人为国捐躯，涌现出曾用步枪打下日军战机的十团团长白乙化、跳崖壮烈牺牲的长嵯37勇士等英雄人物，为抗战胜利作出了巨大贡献。平北抗日烈士纪念园于1988年8月动工，1989年10月落成，占地面积2.4万平方米。萧克将军题写园名。园内主要有烈士纪念碑、纪念馆、雕塑等。烈士纪念碑正面有聂荣臻元帅题写的“平北抗日战争烈士纪念碑”碑名，背面为彭真委员长的题词“平北抗日烈士永垂不朽”。纪念馆于1997年7月开馆，2007年扩建，建筑面积3000平方米，展示了平北军民反抗日军侵略的历史。平北抗日烈士纪念园于2005年被中央宣传部公布为全国爱国主义教育示范基地；2009年被国务院公布为全国重点烈士纪念建筑物保护单位。

平北抗日烈士纪念园全景

平北抗日战争纪念馆正门

在日殉难烈士·劳工纪念馆正门

在日殉难烈士·劳工纪念馆内景

在日殉难烈士·劳工纪念馆

★ 位于天津市北辰区铁东北路

在日殉难烈士·劳工纪念馆，是我国唯一一处集中存放在日殉难烈士、劳工骨灰的纪念场馆。1943年底到1945年，先后有4万名中国人被掠到日本，在135个企业从事繁重的苦役，中国劳工在日本军警的刺刀、棍棒下，过着非人的生活，有6800余名劳工惨死在集中营。被强掳的劳工们，为维护民族尊严，曾进行过多次反抗，其中以“花冈起义”和“木曾谷”斗争最为典型。经中央批准同意，1955年6月修建“在日殉难烈士·劳工纪念馆”，纪念馆建筑面积8000平方米，分为一、二两层。一层为骨灰馆，存放骨灰2216盒；二层为展馆，展出《东瀛血泪——中国劳工在日本》，共分“落入魔窟”、“奋起抗暴”、“力挽尊严”、“面向未来”四个部分。通过抗日殉难劳工充满血和泪的史实，揭露日本军国主义的滔天罪行。展馆西侧的“在日殉难烈士·劳工纪念区”由“民族精神不可辱”的纪念性雕塑和镌刻有6830人中国劳工的名录墙组成。在日殉难烈士·劳工纪念馆和天津市烈士陵园于2009年被国务院公布为全国重点烈士纪念建筑物保护单位；2009年被中央宣传部公布为全国爱国主义教育示范基地；2009年被国家国防教育办公室公布为国家国防教育示范基地。

在日殉难烈士·劳工纪念雕塑和名录墙

盘山烈士陵园

★ 位于天津市蓟县官庄镇北盘山南麓

盘山烈士陵园纪念碑

盘山地处京津唐三角地带，自古是兵家必争之地。1938年6月，八路军宋（时轮）邓（华）纵队挺进冀东，组织冀东20万人举行抗日武装大暴动；1940年，创建了盘山抗日根据地。根据地军民先后取得白草洼歼灭战、果河沿围歼战、莲花峰战斗、盘山保卫战等许多战斗的胜利，涌现了包森、田野、李子光等著名抗日英烈和七壮士血染莲花峰、盘山民兵班誓死抗敌等许多英勇事迹。为纪念盘山革命根据地英勇牺牲的烈士，1956年，经中共河北省委批准，在盘山小石城和乐山书室的基址上修建烈士陵园。园区占地面积300亩，建筑面积3000平方米。主要建筑物有烈士纪念碑、烈士墓区、纪念碑廊、革命烈士纪念馆、烈士骨灰堂、牌楼以及石海战斗、抗日救国报社、包森洞、抗日石刻等多处遗址遗迹。烈士墓区安葬有冀东军分区副司令员包森、冀东西部地委书记田野等205名烈士；革命烈士纪念馆陈列着包森、田野、杨大章、白乙化等53名抗日英烈的事迹。盘山烈士陵园于1989年被国家民政部公布为全国重点烈士纪念建筑物保护单位；1995年被国家民政部公布为全国爱国主义教育基地；1996年被天津市国防教育委员会公布为天津市国防教育基地；1997年被中央宣传部公布为全国爱国主义教育示范基地；2005年被全国红色旅游工作协调小组公布为全国红色旅游经典景区。

盘山抗日根据地遗址牌楼

盘山革命纪念馆

华北军区烈士陵园全景

华北军区烈士陵园烈士纪念馆

华北军区烈士陵园

★ 位于河北省石家庄市桥西区中山西路343号

1937年，抗日战争全面爆发后，八路军第115师奉党中央派遣，挺进五台山地区开展敌后抗日游击战争。1939年11月，建立了晋察冀军区；1948年5月，晋察冀军区撤销，建立华北军区。抗日战争期间，晋察冀根据地军民为抗击日本法西斯侵略付出了巨大的牺牲。为纪念在华北大地上牺牲的英烈，1948年，经朱德总司令提议，在当时的石家庄市“胜利公园”旧址，修建华北军区烈士陵园。烈士陵园1950年3月开工，1954年8月1日落成，占地面积21万平方米，主要纪念建筑有悼念广场、烈士纪念碑、华北革命战争纪念馆、印度援华医疗队纪念馆、白求恩纪念园、柯棣华纪念园、著名烈士铜像群及烈士墓区等。纪念碑镌刻着毛泽东、刘少奇、朱德、彭德怀、刘伯承、邓小平、江泽民等中央领导人的题词；园内安葬着马本斋、周建屏、常德善、周文彬、包森等牺牲在华北地区的316位团职以上革命烈士以及国际主义战士白求恩、柯棣华。华北军区烈士陵园于1986年被国家民政部公布为全国重点烈士纪念建筑物保护单位；1996年被国家教育部等六部委公布为全国中小学爱国主义教育基地；2001年被中央宣传部公布为全国爱国主义教育示范基地；2005年被全国红色旅游工作协调小组公布为全国红色旅游经典景区。

华北军区烈士陵园华北革命战争史馆

苏蒙联军烈士陵园

★ 位于河北省张家口市张北县油篓沟乡狼窝沟村

苏蒙联军烈士陵园纪念塔

苏蒙联军烈士陵园是国内唯一一处纪念二战期间苏蒙联军在中国战场牺牲烈士的纪念建筑物。张北县野狐岭和黑风口，是沟通华北内地通往坝上及内蒙古的咽喉。1939年秋，日军在张北县黑风口构筑野战阵地，修筑宽5米、深4米的战防沟壕，达六百多华里，修筑明碉暗堡200多个，工程直到1945年日本投降才结束。1945年8月8日、10日，苏联、蒙古人民共和国依据《克里米亚协定》分别对日宣战。8月15日，苏蒙联军机械化部队混合骑兵部队进驻张北县城；19日至20日，在八路军的配合下，在野狐岭黑风口与日军展开了激战，毙伤日军860多人，缴获了大批的弹药和军需物资。在这次战斗中，有53名苏联红军、13名蒙古人民军战士牺牲。为纪念在这场战斗中牺牲的苏蒙联军，当地政府在野狐岭山峰上修建了苏蒙联军烈士墓地和纪念碑。1957年，经中央人民政府内务部批准，河北省重新修建纪念塔、纪念碑、烈士墓三部分主要建筑。纪念塔占地面积396平方米，塔高28.8米，谢觉哉同志题写塔名；纪念亭大理石上用中、苏、蒙三国文字镶刻着烈士名录；纪念碑长5米，宽1.2米，高2.2米，碑上刻着圆形麦穗及“1945”四个大字，背面刻有碑文；山峰上的烈士墓安放着66名烈士遗骨。苏蒙联军烈士陵园于1990年被河北省人民政府公布为河北省重点烈士纪念建筑物保护单位；2001年被河北省人民政府公布为河北省文物保护单位；2009年被河北省委宣传部公布为河北省爱国主义教育基地。

苏蒙联军烈士陵园烈士墓

苏蒙联军烈士陵园正门

潘家峪惨案纪念馆正门

潘家峪惨案纪念馆内景

潘家峪惨案纪念馆

★ 位于河北省唐山市丰润区火石营镇潘家峪村

潘家峪是河北丰润腰带山中的一个山村。抗日战争全面爆发后，在中国共产党的领导下，潘家峪村成为冀东抗日根据地的中枢和抗日堡垒村，潘家峪也是日军“扫荡”的重点地区。从1938年到1940年，日、伪军围攻潘家峪前后有130多次。1941年1月25日，驻唐山、丰润、滦县等16个据点的3000多名日军和2000多名伪军，包围了潘家峪，把全村1500多人逼到村西大坑，后又将群众赶到潘家大院，在院中铺满柴草，浇上煤油，日军点燃柴草，用机枪扫射手无寸铁的村民，进行惨绝人寰的大屠杀。全村有1230人被残暴杀害（其中妇女、儿童650人）、23户被杀绝，1300间房屋被烧毁，财物被抢掠一空，制造了震惊中外的潘家峪惨案。惨案发生后，抗日民主政府在村南为死难同胞建起了陵园，举行公葬。惨案遗址完整地保留了西大坑、老槐树、小铁门、南岩子、杀人场潘家大院、殉难同胞葬墓等遗址。潘家峪惨案纪念馆始建于1971年，1999年重建，占地面积475亩，建筑面积1246平方米，陈展面积630平方米。纪念馆采用图片、文字、文物及声、光、电等现代化手段，再现了惨案的全过程。潘家峪惨案遗址于1995年被河北省委、省人民政府公布为河北省爱国主义教育基地。潘家峪惨案纪念馆于1982年被河北省人民政府公布为河北省文物保护单位；2001年被中央宣传部公布为全国爱国主义教育示范基地；2005年被全国红色旅游工作协调小组公布为全国红色旅游经典景区。

清苑冉庄地道战遗址

冉庄地道战纪念馆外景

★ 位于河北省保定市清苑县冉庄镇冉庄村

1937年，抗日战争全面爆发后，日军采取“铁壁合围”、“纵横梳篦”的清剿战术，进行“大扫荡”，实行“三光”政策。冀中人民开展了地道斗争，成为保存自己、消灭敌人、坚持敌后抗战、扭转战局的一种独特战斗方式。冉庄人民巧妙设计了各种工事和地道口，部署不同的作战方法，形成了能退能守、能攻能打、进出自如的“地下长城”。冉庄被誉为地道战模范村。抗日战争时期冉庄村地下构筑了长达16公里的地道网络，现仍保留着三四十年代冀中平原原貌和当年构筑的地道3000米及各种作战工事。冉庄地道战遗址保护区面积20万平方米，共有房屋3284间，另有6座庙宇工事。1959年8月，冉庄地道纪念馆建成，建筑面积3460平方米，展厅内收藏珍贵文物500多件。聂荣臻元帅为纪念馆题写馆名。冉庄地道战遗址于1961年被国务院公布为全国重点文物保护单位；1997年被中央宣传部公布为全国爱国主义教育示范基地；2005年被全国红色旅游工作协调小组公布为全国红色旅游经典景区；2009年被国家国防教育办公室公布为国家国防教育示范基地；2011年被国家旅游局公布为全国AAAA级旅游景区。

冉庄地道战高房工事

冉庄地道战纪念馆内景

狼牙山五勇士跳崖处

★ 位于河北省保定市易县小莲花峰

1941年9月25日，日军纠集近4000人的兵力，进犯晋察冀根据地的狼牙山地区，2000多名游击队员和老百姓遭日军包围，形势十分严峻。为解救被困的游击队员和老百姓，八路军晋察冀军区第1军分区1团7连，在狼牙山地区与日、伪军展开激战。激战中，7连战士大部分牺牲，连长刘福山身负重伤。为了让大部队和7连受伤战士安全转移，6班奉命留下坚守，拖住并吸引日、伪军。班长马宝玉、副班长葛振林，战士胡德林、胡福才、宋学义等5人，边打边撤，把敌人引上狼牙山棋盘坨的悬崖绝壁。当退到峰顶时，子弹已经全部打光，5位壮士宁死不屈，纵身跳下悬崖。马宝玉、胡福才和胡德林壮烈牺牲，葛振林、宋学义被山崖上的树枝挂住，幸免于难。1942年5月，晋察冀军区授予马宝玉等3名烈士“模范荣誉战士”称号，授予葛振林、宋学义“勇敢顽强”奖章。为了纪念狼牙山五勇士，1942年9月，晋察冀军区第1军分区在五勇士跳崖处修建了“三烈士纪念塔”，后毁于日军炮火。1959年，易县重建纪念塔；1986年，再次修缮。五勇士纪念塔由纪念塔、碑廊、凉亭等组成，建筑面积400平方米。聂荣臻元帅题写“狼牙山五勇士纪念塔”塔名。2001年，河北省建造狼牙山五勇士陈列馆，杨成武将军题写馆名。陈列馆占地面积816平方米，建筑面积300平方米，馆内收藏大量的图片、历史资料、抗战文物，生动再现了边区抗日军民在党的领导下抗击日军、保家卫国的悲壮历史。狼牙山五勇士跳崖处于1982年被河北省人民政府公布为河北省文物保护单位；1995年被河北省委、省人民政府公布为河北省爱国主义教育基地。狼牙山五勇士纪念塔于1986年被国家民政部公布为全国重点烈士纪念建筑物保护单位；2005年被全国红色旅游工作协调小组公布为全国红色旅游经典景区；2011年被国家旅游局公布为国家AAAA级旅游景区。

狼牙山五勇士跳崖处

狼牙山五勇士跳崖处纪念馆

狼牙山五勇士跳崖处纪念塔

晋冀鲁豫烈士陵园

★位于河北省邯郸市邯山区陵园路60号

晋冀鲁豫烈士陵园正门

根据党的七大精神，为纪念八路军总部前方司令部、政治部、晋冀鲁豫军区及八路军第129师牺牲的烈士，1946年3月，晋冀鲁豫边区决定在邯郸修建晋冀鲁豫烈士陵园。1950年10月21日，举行晋冀鲁豫烈士陵园落成暨安葬左权将军及诸烈士典礼。陵园分南北两院，占地面积21.3万平方米。主要纪念建筑有烈士纪念塔、人民英雄纪念墓、晋冀鲁豫边区革命史迹陈列馆、烈士纪念堂、左权将军纪念馆、左权将军墓、“四•八”烈士阁等。陵园藏2.1万余件文物、图片。陵园内安葬有八路军副参谋长左权将军、中共中央北方局军委书记张兆丰、抗日民族英雄范筑先等200多名为国捐躯的抗日英烈。毛泽东、周恩来、朱德、邓小平、江泽民等中央领导人曾亲莅陵园并题词。晋冀鲁豫烈士陵园于1986年被国家民政部公布为全国重点烈士纪念建筑物保护单位；2003年被河北省人民政府、省军区公布为河北省国防教育基地；2005年被全国红色旅游工作协调小组公布为全国红色旅游经典景区；2005年被中央宣传部公布为全国爱国主义教育示范基地；2011年被国家旅游局公布为国家AAAA级旅游景区。

晋冀鲁豫烈士陵园烈士纪念堂

晋冀鲁豫烈士陵园左权将军墓园

平型关大捷遗址雕塑墙

平型关大捷纪念馆正门

平型关大捷遗址

★ 位于山西省大同市灵丘县白崖台乡

1937年9月，日军占领山西天镇、广灵、大同。八路军第120师从西面驰援雁门关，八路军第115师从东面配合作战，对灵丘县平型关的日军实施攻击。23日至25日，在平型关与日军第5师团发生激战，歼灭日军1000多人，击毁汽车100余辆。平型关大捷打破了日军不可战胜的神话。平型关大捷遗址包括平型关大捷纪念馆、纪念碑、将帅广场、主战场乔沟、老爷庙争夺战遗址和115师指挥所旧址、烽火台等。1970年，由北京军区负责修建平型关战役纪念馆，1995年再次修缮，更名为“平型关大捷纪念馆”，杨成武将军题写馆名。2006年，扩建纪念馆，馆内基本陈列由序厅、主展厅和半景画馆等组成。平型关战役遗址于1961年被国务院公布为全国重点文物保护单位；2001年被中央宣传部公布为全国爱国主义教育示范基地；2005年被全国红色旅游工作协调小组公布为全国红色旅游经典景区；2009年被国家国防教育办公室公布为国家国防教育示范基地。

平型关大捷参战主要将领雕塑

百团大战纪念馆（碑）

百团大战纪念馆全景

★ 位于山西省阳泉市狮脑山

1940年8月20日至1941年1月24日，八路军总部在华北地区，对日军主动开展了一场自抗战以来参战人数最多、时间最长、范围最广、规模最大的交通总破袭战役，即名震中外的“百团大战”。这次战役八路军先后出动105个团，约20万兵力，以正太路为破袭重点，在2500公里长的战线上，给日军以重创。八路军共作战2100余次，歼灭日、伪军5万余人，炸毁据点2993座，破坏铁路900多里、公路3000里，破坏桥梁、车站260多处，华北抗日根据地扩大至447个县。百团大战的胜利，有力地粉碎了日军的“囚笼政策”，回击了八路军“游而不击”的言论，谱写了中国抗战史上光辉的篇章。1987年6月，经山西省委、省人民政府批准，阳泉市在百团大战主战场之一的阳泉市狮脑山，修建了百团大战纪念碑、“长城”、添翠楼、钟楼、蘑菇亭等建筑。1995年8月，修建了百团大战纪念馆，占地面积6.21万平方米。2010年，百团大战纪念馆扩建为百团大战遗址公园，修复狮脑山上多处当年的战争遗址遗迹，新建了百团大战纪念馆新馆。百团大战纪念馆、纪念碑于1997年被中央宣传部公布为全国爱国主义教育示范基地；2009年被国家国防教育办公室公布为国家国防教育示范基地；2011年被全国红色旅游工作协调小组公布为全国红色旅游经典景区。

百团大战纪念馆正门

百团大战纪念碑

八路军总部王家峪旧址纪念馆正门

八路军总部王家峪旧址院内

八路军总部王家峪旧址和纪念馆

★ 位于山西省长治市武乡县韩北乡王家峪村

抗日战争时期，朱德、彭德怀、左权等率领八路军总部，于1939年10月至1940年6月在山西武乡王家峪村驻扎；八路军总部和129师与中共中央北方局紧密配合，创建了华北抗日根据地。朱德、彭德怀等首长曾在王家峪接见过柯棣华、爱德华等国际友人，指挥过近千次战斗，研究制定了闻名世界的“百团大战”作战方案。八路军总部王家峪旧址和纪念馆占地面积3.7万平方米，由联通的5所农家院落、一排窑楼和“红星杨”公园组成，有总部首长旧居、总部参谋处、秘书处、作战科、通讯科、机要科、管理科、马棚、“红星杨”、“将军树”等旧址以及总部旧址陈列馆。朱德、彭德怀、左权、刘伯承、邓小平等首长的旧居，按当年的情况复原陈列。1964年，对旧址重新修复。八路军总部王家峪旧址于1961年被国务院公布为全国重点文物保护单位。八路军总部王家峪纪念馆于1995年被山西省委、省人民政府公布为山西省爱国主义教育基地；2005年被全国红色旅游工作协调小组公布为全国红色旅游经典景区。

忻口战役遗址

★ 位于山西省忻州市忻府区高城乡忻口村

忻口坐落于忻口山的断阙处，是太原的最后一道防线和军事战略要地。1937年10月11日至11月2日，日军5万人向驻忻口的国民党10万守军发起攻击。为了支援友军作战，八路军第115师和第120师积极配合，开展了破坏日军交通线、雁门关伏击战、夜袭阳明堡飞机场等100多场战斗，削弱了日军的有生力量，为配合忻口正面战场发挥了重要作用。忻口战役阻击日军23天，歼灭日军2万余人。是抗战以来国共两党军队在华北战场最大规模的一次联合御敌战役。忻口战役遗址南北长1000米，东西宽500米，主要有忻口战役纪念碑、纪念墙、战备窑洞50余孔、204号激战地、郝梦龄指挥所以及日军罪证碑等遗址。忻口战役遗址于1986年被山西省委、省人民政府公布为山西省重点文物保护单位；2005年被山西省委、省人民政府公布为山西省爱国主义教育基地。

忻口战役纪念墙

忻口战役遗址战备窑洞

左权将军殉难处

左权将军纪念亭

左权将军殉难处

★ 位于山西省晋中市左权县麻田镇北艾铺村十字岭

左权（1905—1942），原名左纪权，号叔仁，湖南醴陵县人。中国工农红军和八路军高级指挥员、著名军事家。1925年，加入中国共产党，历任红军学校教官、12军军长、15军军长等职。抗日战争全面爆发后，任八路军副参谋长、八路军前方总部参谋长。1941年7月，随八路军总部进驻山西辽县（今左权县）麻田镇。1942年5月，日军3万余人，对太行根据地发动“铁壁合围”大扫荡；5月25日，八路军总部、北方局机关被日军包围在北艾铺村南的十字岭一线，在指挥八路军前方总部突围时，左权将军不幸被日军炮弹击中，壮烈牺牲。为了纪念左权将军，1942年9月，辽县更名为左权县；1965年5月，左权将军牺牲地十字岭更名为左权岭。1985年，县人民政府在左权将军殉难处修建了“左权将军殉难处纪念亭”。纪念亭占地面积243.63平方米，高11米，亭内竖立纪念碑塔，内柱四角镶有青石碑8块，上面分别刻有周恩来、邓小平、刘伯承、叶剑英等中央领导人的悼念文章。亭前树立有左权将军铜像。左权将军殉难处于1965年被山西省人民委员会公布为山西省文物保护单位；2005年被全国红色旅游工作协调小组公布为全国红色旅游经典景区。

大青山抗日游击根据地旧址

★ 位于内蒙古自治区呼和浩特市武川县得胜沟乡蘑菇窑村

大青山北与乌兰察布草原、东南与晋西北相连，自古为战略要地。1938年秋，八路军第120师358旅挺进大青山，在大青山建立抗日游击根据地，此后发展成为晋绥抗日根据地。武川是大青山抗日游击根据地的中心地带，县内得胜沟、井尔沟、李齐沟、马场梁等地曾是八路军大青山支队司令部、中共绥远省委、绥察行署和绥西专署的驻地，有蜈蚣坝伏击战旧址、得胜沟司令部遗址、灯笼素动委会遗址、井尔沟八路军窑洞等许多革命遗址。1985年10月，在武川县可可以力更镇南大街兴建了大青山英雄纪念碑。纪念碑占地面积90亩，由公墓、碑座、碑身和碑顶四部分组成。碑座南北端镶嵌着“蒙汉军民团结创建根据地”和“打击敌人欢呼胜利”两幅浮雕。2007年，重建了大青山抗日根据地展馆，建筑面积1600平方米，展馆陈列由“抗日战争”、“大青山之鹰”、“全民抗战”、“决战大青山”、“抗战胜利”五个部分组成。大青山抗日根据地旧址于1964年被内蒙古自治区公布为自治区重点文物保护单位；2005年被全国红色旅游工作协调小组公布为全国红色旅游经典景区；2009年被中央宣传部公布为全国爱国主义教育示范基地。大青山英雄纪念碑于1989年被国务院公布为全国重点烈士纪念建筑物保护单位。

大青山抗日游击根据地展馆全景

大青山抗日游击根据地展馆内景

世界反法西斯战争海拉尔纪念园正门

海拉尔要塞遗址博物馆全景

世界反法西斯战争海拉尔纪念园

★ 位于内蒙古自治区呼伦贝尔市海拉尔区北山

日军侵华期间，日本关东军从中国内地抓来数万名劳工，在内蒙古海拉尔修建秘密军事工程，工程结束后，数万名劳工被全部杀害，海拉尔河北岸“万人坑”内的白骨就是铁证。世界反法西斯战争海拉尔纪念园是在原侵华日军海拉尔要塞遗址上建立的，占地面积110公顷，分为地上、地下两部分，其中地上建有海拉尔要塞遗址博物馆、战场遗迹、模拟战争场景等设施；地下工事遗迹复原了日军司令部、士兵宿舍、卫生室、通讯室等。世界反法西斯战争海拉尔纪念园于1996年被内蒙古自治区政府公布为内蒙古自治区重点文物保护单位；2008年被国家旅游局公布为国家AAAA级旅游景区；2009年被中央宣传部公布为全国爱国主义教育基地；2009年被国家国防教育办公室公布为国家国防教育基地；2011年被全国红色旅游工作协调小组公布为全国红色旅游经典景区。

海拉尔要塞遗址博物馆内景

诺门罕战役遗址陈列馆

★ 位于内蒙古自治区呼伦贝尔市新巴尔虎左旗阿木古郎镇

诺门罕战役遗址陈列馆正门

1939年5月，日军发动了一场“满”蒙边境战，即日本、伪满洲国对苏联、蒙古人民共和国的大规模军事冲突，称诺门罕战役。日本关东军和苏蒙军双方共投入战场兵员20余万人，大炮500余门，飞机900余架，坦克装甲车上千辆。在这次战争中，日军首次将生物武器应用于实战，但仍遭到惨败，伤亡5.4万人，被迫停战讲和。诺门罕战役成为世界反法西斯战争史上的重要一页。日本史学家称这场战争为“日本陆军史上最大的一次败仗”。诺门罕战役遗址占地面积2.97平方公里，现有战争陈列馆、万人焚尸坑、将军庙、炮阵地、日军野战医院遗址、胡鲁斯台河战争遗址等。1989年，新巴尔虎左旗修建了诺门罕战役陈列馆，馆内收藏战争遗物3000余件。诺门罕战役遗址陈列馆于2008年被内蒙古自治区政府公布为内蒙古自治区重点文物保护单位；2008年被内蒙古自治区党委宣传部公布为内蒙古自治区爱国主义教育基地。

诺门罕战役遗址陈列馆全景

诺门罕战役遗址陈列馆内景

"九一八"历史博物馆的"残历碑"

"九一八"历史博物馆的胜利纪念碑

"九一八"历史博物馆

★ 位于辽宁省沈阳市大东区望花南街46号

1931年9月18日，日本关东军精心策划，由铁道"守备队"炸毁沈阳柳条湖附近的南满铁路路轨，并栽赃嫁祸于中国军队。日军以此为借口，炮轰沈阳北大营，制造了震惊中外的"九一八"事变，日本侵华战争从此开始。为了警示后人、勿忘国耻，沈阳市人民政府于1991年修建"九一八"事变陈列馆,1997年筹建"九一八"历史博物馆。博物馆由残历碑、抗战胜利纪念碑和新馆三部分组成。新馆于1999年9月18日落成，占地面积3.5万平方米，建筑面积1.26万平方米,江泽民同志题写馆名。新馆内共设8个展厅和10余个大型场景，展厅内有历史照片800余幅、实物300余件、文献档案100余件，真实反映了日本帝国主义策划发动"九一八"事变以及对东北进行殖民统治的历史，再现了东北人民和全国人民在中国共产党的领导下，最终取得抗日战争伟大胜利的历史。"九一八"历史博物馆于1997年被中央宣传部公布为全国爱国主义教育示范基地；2002年被国家旅游局公布为国家AAAA级旅游景区；2005年被全国红色旅游工作协调小组公布为全国红色旅游经典景区；2009年被国家国防教育办公室公布为国家国防教育示范基地。

中国（沈阳）审判日本战犯法庭旧址陈列馆

★ 位于辽宁省沈阳市皇姑区黑龙江街77号

中国（沈阳）审判日本战犯法庭旧址陈列馆正门

根据1956年4月《全国人民代表大会常务委员会关于处理在押日本侵略中国战争中犯罪分子的决定》，1956年6月9日至7月20日，最高人民法院特别军事法庭分别在沈阳、太原两地对铃木启久、富永顺太郎、城野宏、武部六藏等45名日本战犯进行审判。1956年6月9日上午8时30分，沈阳特别军事法庭正式开庭，对日本前陆军师团长铃木启久等8名主要战犯进行审判。这是中国人民自1840年鸦片战争以来第一次在中国的土地上，由中国人担任审判官，不受任何外来干扰审判外国侵略者。旧址为一座斜檐闷顶式二层小楼，1956年后多次维修改造。旧址陈列馆于2014年5月18日修复开放，陈列馆入门处立有“中华人民共和国最高人民法院特别军事法庭”的牌匾。陈列馆展区面积1100多平方米，展览共分为“审判背景”、“审判准备”、“庄严审判”、“尾声”四个部分，全面介绍了日本战犯在沈阳接受审判的整个过程，庭审现场视频重现了当年审判日本前陆军中将师团长铃木启久等36名日本乙级战犯的历史场景。这些历史史料，是日本法西斯发动侵华战争的铁证。中国（沈阳）审判日本战犯法庭旧址陈列馆于1996年7月被沈阳市人民政府公布为沈阳市文物保护单位。

中国（沈阳）审判日本战犯法庭旧址陈列馆序厅

中国（沈阳）审判日本战犯法庭旧址陈列馆内景

阜新万人坑死难矿工纪念馆全景

阜新万人坑死难矿工纪念馆广场

阜新万人坑死难矿工纪念馆

★ 位于辽宁省阜新市太平区孙家湾街道新园街1号

阜新万人坑又称“满炭墓地”，是日、伪时期满洲炭矿株式会社阜新矿业为埋葬死亡劳工及家属而建立的墓地。“九一八”事变后，为掠夺中国煤炭资源，日本掠取了阜新煤田的开采权，由满洲炭矿株式会社经营。他们从河北、山东等省大量骗招劳工开采煤矿，矿主不顾劳工的生命安全，随意打骂、虐杀中国矿工，矿井冒顶、透水、瓦斯爆炸等矿难不断，矿工生活条件极差，瘟疫流行，先后造成10万余名劳工及家属死亡。为埋葬这些死亡劳工及家属，日、伪当局在阜新矿区设立了4个满炭墓地，阜新万人坑（孙家湾满炭墓地）是其中最大的墓地，埋葬死亡劳工及家属尸体7万余具。1968年，阜新市对孙家湾满炭墓地进行挖掘，发掘了日、伪时期的3个群葬大坑、10个受各种残害致死的典型尸骨坑、千余个遗留未埋尸体的墓坑，并在原址上分别建立了死难矿工遗骨馆、抗暴矿工遗骨馆、矿史展览馆及殉难矿工纪念碑、百骨厅，建立了阜新万人坑阶级教育展览馆。2007年，阜新万人坑阶级教育展览馆更名为阜新万人坑死难矿工纪念馆。阜新万人坑于2006年被国务院公布为全国重点文物保护单位。阜新万人坑死难矿工纪念馆于1988年被辽宁省国防教育领导小组公布为辽宁省国防教育基地；2009年被中央宣传部公布为全国爱国主义教育示范基地。

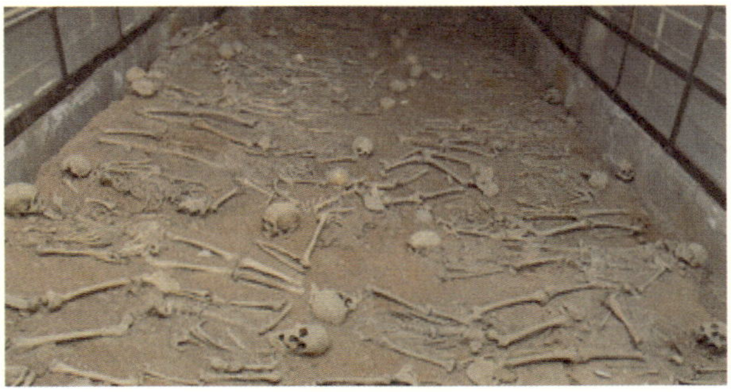

阜新万人坑死难矿工纪念馆遗骨馆

抚顺战犯管理所旧址陈列馆

★ 位于辽宁省抚顺市新抚区宁远街43号

抚顺战犯管理所旧址全景

抚顺战犯管理所原为日本侵略者囚禁抗日志士修建的监狱，始建于1936年，当时称“抚顺监狱”。1948年10月，抚顺解放后，监狱由人民政府接管。1950年，根据毛泽东主席和周恩来总理的指示，将其改为抚顺战犯管理所。抚顺战犯管理所先后收押、改造日本战犯982名和以溥仪为首的伪满洲国、伪蒙疆政府战犯71名。1959年，爱新觉罗•溥仪特赦获释。1956年至1964年4月，日本战犯先后免予起诉和特赦回国，其他战犯于1975年前后特赦全部释放，抚顺战犯管理所随即撤销。1986年5月，经国务院批准，将其改造为抚顺战犯管理所陈列馆。此后，又新建了综合陈列馆、改造末代皇帝陈列馆、日本“中归联”活动陈列馆。2010年，恢复建设了当时关押日本战犯的五所、六所两处监所以及铁工厂和大礼堂，恢复布展了一所、三所、俱乐部、露天舞台、面包房、消毒室、运动场、菜窖、放映室等原有设施。利用铁工厂、大礼堂新建了改造日本战犯陈列馆，陈列了600余张图片和400余件实物。新增了400多平方米的改造末代皇帝专题展览，展出图片200余张、实物80余件。抚顺战犯管理所是目前我国唯一对外开放的战犯管理单位。抚顺战犯管理所旧址于2003年被国家旅游局公布为国家AAA级旅游景区；2005年被中央宣传部公布为全国爱国主义教育示范基地；2005年被全国红色旅游工作协调小组公布为全国红色旅游经典景区；2006年被国务院公布为全国重点文物保护单位。

抚顺战犯管理所俱乐部

抚顺战犯管理所改造末代皇帝展馆内景

东北抗联史实陈列馆全景

东北抗联史实陈列馆场馆内景

东北抗联史实陈列馆

★ 位于辽宁省本溪市本溪满族自治县小市镇滨河路

东北抗联是中国共产党创建并领导的抗日队伍，在14年的艰苦斗争中，抗联牵制了数十万日、伪军，有力策应了全国的抗日战争。辽宁省是东北抗联活动的重要区域，本溪是抗日民族英雄杨靖宇率领抗联抗击日军的主要地区。为纪念东北抗联抗击日军的英雄业绩，2005年，本溪市兴建东北抗联史实陈列馆，2007年5月建成并开馆。陈列馆占地面积6.9万平方米，建筑面积5040平方米，陈列面积3000平方米，展出照片、史料、实物等1000余件。陈展以“林海雪原，抗联英雄”为主题，以东北抗联重要事件、人物、战役为线索，全面系统地反映了东北抗日联军14年的艰苦斗争历程，生动再现了东北抗联惊天地泣鬼神的英雄壮举。东北抗联史实陈列馆是目前全国抗联史实陈列馆专题中规模最大、史料最全的陈列馆。东北抗联史实陈列馆于2005年被中央宣传部公布为全国爱国主义教育示范基地；2009年被国家国防教育办公室公布为国家国防教育示范基地；2011年被全国红色旅游工作协调小组公布为全国红色旅游经典景区。

伪满皇宫博物院暨东北沦陷史陈列馆

★ 位于吉林省长春市宽城区光复北路

东北沦陷史陈列馆全景

1931年，“九一八”事变爆发，日军发动侵华战争。1932年2月，东北全境沦陷。日本在东北建立了伪满洲国傀儡政权，开始了对东北人民长达14年的殖民统治。伪满皇宫是中国末代皇帝爱新觉罗·溥仪充当伪满洲国傀儡皇帝时的宫廷旧址，伪满皇宫博物院在此基础上建立。2005年，在伪满皇宫博物院东部区域开始修建东北沦陷史陈列馆，2006年9月18日正式对外开放。东北沦陷史陈列馆占地面积1.06万平方米，展览面积5600平方米。展览由沦陷篇、残暴篇、抗争篇三大板块构成，展出历史图片1200余张、文物及罪证实物1000多件，并有《勿忘“九一八”——日本侵略中国东北史实》专题展览。展览深刻揭露了日本武力侵占中国、炮制傀儡政权、推行法西斯统治的罪行，歌颂了中国共产党领导中华民族夺取抗日战争最终胜利的伟大壮举。伪满皇宫博物院于2007年被国家旅游局公布为国家AAAA级旅游景区。东北沦陷史陈列馆于2009年被中央宣传部公布为全国爱国主义教育示范基地；2009年被国家国防教育办公室公布为国家国防教育示范基地；2011年被全国红色旅游工作协调小组公布为全国红色旅游经典景区；2013年被国务院公布为全国重点文物保护单位。

东北沦陷史陈列馆抗日英雄雕塑

东北沦陷史陈列馆内景

杨靖宇烈士陵园正门

东北抗日联军纪念馆全景

杨靖宇烈士陵园

★ 位于吉林省通化市浑江东岸靖宇山

杨靖宇（1905—1940），原名马尚德，河南省确山县人，著名抗日民族英雄。1929年，被党中央派往东北工作，历任中共抚顺特别支部书记、东北人民革命军第1独立师师长兼政委、东北人民革命军第1军军长兼政委、东北抗日联军第1路军总司令。1940年2月23日，杨靖宇在蒙江县保安村三道崴子被日军重兵围困，与日、伪军激烈交战，身中数弹，英勇牺牲。杨靖宇烈士陵园是杨靖宇将军的安葬地。陵园始建于1954年7月，占地面积2万平方米。园内共有五座古典式建筑，正面的灵堂和墓室安葬着杨靖宇将军的遗首遗骨。两侧4个偏殿为陈列室，陈列室内展出了文物、文献、照片共280余件，全面展示了杨靖宇将军光辉的一生。陵园广场中间，树立着杨靖宇将军的戎装铜像。2005年，在陵园建成东北抗日联军纪念馆，共分7个展区，陈列展出图片356张、实物344件，反映了东北抗联艰苦卓绝的战斗经历。杨靖宇烈士陵园于1986年被国家民政部公布为全国重点烈士纪念建筑物保护单位；1997年被中央宣传部公布为全国爱国主义教育示范基地；2005年被全国红色旅游工作协调小组公布为全国红色旅游经典景区；2006年被国家旅游局公布为国家AAAA级旅游景区；2009年被国家国防教育办公室公布为国家国防教育示范基地；2010年被中央纪委公布为全国廉政教育基地。

杨靖宇将军铜像

东北烈士纪念馆

★ 位于黑龙江省哈尔滨市南岗区一曼街

东北烈士纪念馆原为省特别区图书馆，建立于1931年。1932年2月，日军侵占哈尔滨后，这里成为伪哈尔滨特别市政筹备所。1937年7月,被伪哈尔滨警察厅占用，成为日本侵略者镇压中国人民的罪恶场所。抗日民族女英雄赵一曼曾在这里遭受酷刑。1946年，哈尔滨解放后，东北行政委员会将该楼辟建为东北烈士纪念馆，1948年10月开馆。纪念馆建筑面积1.6万多平方米，陈列面积6200多平方米，展出文物、图片和资料1000余件。馆藏文物5000余件，图书、档案、文献、照片共3万余件。馆藏文物包含抗联军事斗争、密营生活、文化学习、群众支援等方面。陈列有杨靖宇穿过的大衫、赵尚志用过的手枪、赵一曼用过的大碗及写给宁儿的信、李兆麟牺牲时穿过的血衣等珍贵革命文物以及侵华日军731部队的细菌弹弹壳等。东北烈士纪念馆于1997年被中央宣传部公布为全国爱国主义教育示范基地；1999年被黑龙江省人民政府公布为黑龙江省文物保护单位；2005年被全国红色旅游工作协调小组公布为全国红色旅游经典景区；2009年被国家国防教育办公室公布为国家国防教育示范基地。

东北烈士纪念馆正门

东北烈士纪念馆内景

侵华日军第七三一部队遗址正门

侵华日军第七三一部队罪证陈列馆内景

侵华日军第七三一部队罪证陈列馆

★ 位于黑龙江省哈尔滨市平房区新疆大街47号

侵华日军第731部队是一支特种部队，成立于1933年，1941年5月改用秘密代号——满洲第731部队。该部队于1935年在哈尔滨市平房地区筹建了生物武器研究、试验和生产基地，从事细菌武器生产和研究。在这个被称为“食人魔窟”的基地里，日军以活人为试验材料进行生物武器的研究与生产。从1939年至1945年，至少有3000人被当作试验材料惨遭杀害。在侵华日军发动的生物战中，遭到屠杀和残害的中国军民达30万人。1945年8月，日本战败投降前夕，为了掩盖其罪行，731部队对本部大楼进行大规模的销毁和破坏。“侵华日军第七三一部队罪证陈列馆”是在原侵华日军731部队本部大楼的基础上修建的，其中有侵华日军第731部队罪证陈列展览，展览总面积2680平方米，设15个展厅，陈列照片470余幅、罪证实物70余件和大量见证人证言；现保存较为完好的罪证遗址23处，包括冷冻试验室、地下饲养室、锅炉房、北岗焚尸炉等。全面揭露了侵华日军第731部队的罪行。“侵华日军第七三一部队罪证陈列馆”于1996年被中央宣传部公布为全国爱国主义教育示范基地；2005年被全国红色旅游工作协调小组公布为全国红色旅游经典景区；2006年被国务院公布为全国重点文物保护单位；2012年被国家国防教育办公室公布为国家国防教育示范基地。

孙吴日本侵华罪证陈列馆

★ 位于黑龙江省黑河市孙吴县城东

孙吴日本侵华罪证陈列馆正门

孙吴日军侵华罪证陈列馆是在侵华日军军人会馆遗址基础上修建的，原址位于胜山要塞主阵地之内。侵华日军军人会馆始建于1939年，是供日军高级军官休闲娱乐的场所，是高级“慰安所”，也称将校俱乐部。主建筑是一栋二层楼，建筑面积约3000平方米，当时有慰安妇30余人。该军人会馆是目前已知的日军二战期间亚洲面积最大、服务级别最高、保存最完整的一处日本关东军高级“慰安所”。2010年，在侵华日军军人会馆遗址一楼新建陈列馆，局部复原修缮军人会馆遗址。陈列馆展厅面积2000平方米，展示有240幅历史图片、1200件展品，展览分为“日军侵占中国东北”、“日伪统治时期的孙吴”、“关东军军事要塞”、“抗战胜利”四部分，再现了日本侵略者对东北人民进行了长达14年的殖民统治的历史。陈列馆藏品有国家一级文物钢筋鼠笼和防毒面具，是侵华日军第731部队从事细菌武器研制的罪证。孙吴侵华日军罪证陈列馆于1996年被黑龙江省国防教育办公室公布为黑龙江省国防教育基地；1998年被黑龙江省委、省人民政府公布为黑龙江省爱国主义教育基地。

孙吴日本侵华罪证陈列馆外景

孙吴日本侵华罪证陈列馆内景

东宁要塞群遗址全景

东宁要塞群遗址博物馆正门

侵华日军东宁要塞遗址

★ **位于黑龙江省牡丹江市东宁县三岔口镇**

1934年至1939年,日本关东军为防御和进攻苏联，在我国东北与苏联接壤的边境地区修筑了一系列的军事要塞，东宁要塞是其中之一。东宁要塞北起绥阳镇北阎王殿，南至甘河子，正面宽110多公里，纵深达50多公里；日军修建了阎王殿要塞、北天山要塞、三角山要塞、勋山要塞等十多处要塞，构成了东宁要塞群，有“东方马其诺防线”之称。为了修建要塞，约有17万名中国劳工惨死在这里。侵华日军在要塞屯驻了日本关东军三个师团共13万兵力，并修建飞机场10个、永久性工事400多个、野战炮阵地45处。目前，开放的勋山要塞占地5公顷，要塞中建有指挥所、医疗所、贮备仓库、弹药库、电机房、火力发射点等设施。1999年，利用勋山地下要塞建立东宁要塞陈列馆，2008年正式命名为“东宁要塞博物馆”。博物馆广场中树立着苏联红军烈士纪念碑、第二次世界大战最后战场纪念碑、劳工殉难纪念碑、抗联英雄纪念碑。

侵华日军东宁要塞遗址于2005年被中央宣传部公布为全国爱国主义教育示范基地；2006年被国务院公布为全国重点文物保护单位；2011年被全国红色旅游工作协调小组公布为全国红色旅游经典景区。

东宁要塞群遗址博物馆内景

“八女投江”殉难地

★ 位于黑龙江省牡丹江市林口县刁翎镇三家子村

“八女投江”纪念馆全景

1938年夏，东北抗日联军第2路军5军妇女团指导员冷云，班长胡秀芝、杨贵珍，战士郭桂琴、黄桂清、王惠民、李凤善和被服厂厂长安顺福，随部西征。10月，部队在牡丹江地区乌斯浑河渡口与日、伪军千余人遭遇。冷云等八名女战士，为掩护大部队突围，毅然放弃渡河。在弹尽的情况下，面对日、伪军逼降，她们毁掉枪支，挽臂涉入乌斯浑河，壮烈牺牲。1980年，经调查，确认林口县刁翎镇三家子村乌斯浑河畔为八名烈士殉难地。1982年，在殉难地修建了“八女投江”纪念碑，1995年又重新修建了纪念碑和纪念馆。“八女投江”纪念碑高10米，正面刻有“八女英魂光照千秋”八个大字；纪念碑左侧是150多平方米的遗址陈列室。“八女投江”殉难地遗址于1990年被黑龙江省人民政府公布为黑龙江省文物保护单位；2005年被全国红色旅游工作协调小组公布为全国红色旅游经典景区；2010年被黑龙江省委、省人民政府公布为黑龙江省爱国主义教育基地。

“八女投江”纪念馆内景

“八女投江”纪念碑

上海监狱陈列馆正门

上海监狱陈列馆内景

上海监狱陈列馆

★ 位于上海市虹口区长阳路147号

上海监狱建于1901年，由10余幢楼房组成，共有4000多个监舍。由于建筑规模宏大，上海监狱曾号称“远东第一监狱”。从1935年9月起，上海监狱成为关押外国籍犯人的“西人监”。1943年8月，汪伪政府接管监狱，曾关押抗日人士和其他犯人4500多人。抗日战争胜利后，这里先后关押过几百名日本战犯，如日本驻台湾总督安藤利吉、日本第6方面军司令冈部直三郎等。监楼内的监舍每间8平方米，按原样陈设铁床、铁桌、铁凳和抽水马桶等。陈列馆二楼的大厅是抗战胜利后中国境内第一次审判日本战犯的法庭所在地，1946年1月至9月，先后有日本第13军军长泽田茂、日本驻台湾第10军区参谋长谏山春树、日本第34军司令田中久一、第34军参谋长镝木正隆等47名日本战犯在此受到盟军军事法庭的审判。1946年4月22日上午，镝木正隆等5名日本战犯在监楼的室内刑场内，被执行绞刑。上海监狱陈列馆特地辟建了关押、审判和处决日本战犯的展示区，通过大量的图片、文字、实物展示这些鲜为人知的史实。1997年8月，经上海市人民政府批准，上海监狱日本战犯关押、审判、执行处被列为上海市抗日纪念地。

上海监狱陈列馆内景

上海淞沪抗战纪念馆

★ 位于上海市宝山区友谊路1号临江公园

上海淞沪抗战纪念馆全景

上海淞沪抗战纪念馆是国内唯一一座全面反映两次淞沪抗战的专题纪念馆。1932年的“一•二八”淞沪抗战和1937年的“八一三”淞沪会战，是中国抗日战争史上两次重大的战役。宝山是这两次战役的主要战场。仅在“一•二八”淞沪抗战中，中国军队有4086名官兵为国捐躯，其中大部分牺牲在宝山；“八一三”淞沪会战，中国军队投入兵力60万人，伤亡30万人。为了铭记两次淞沪战役和上海人民的抗日斗争历史，1999年3月，在宝山临江公园建设上海淞沪抗战纪念馆，2000年1月28日竣工并开放。纪念馆建筑面积3490平方米，主体是呈“L”形的塔、馆合一的建筑，塔高53米，共11层。纪念馆1至3层为陈列区，陈展介绍淞沪抗战的历史；临江公园内有“淞沪魂”长卷石刻墙、大型雕塑、国歌墙以及陈化成纪念馆、姚子青营长牺牲处等。上海淞沪抗战纪念馆于2003年被上海市人民政府公布为上海市爱国主义教育基地。

上海淞沪抗战纪念馆内景

上海淞沪抗战纪念馆内景

侵华日军南京大屠杀遇难同胞纪念馆

★ 位于江苏省南京市江东门街418号

1937年12月13日，日军侵占南京后，烧杀淫掠，在短短六个星期中，屠杀无辜市民和放下武器的中国士兵达30万人以上，发生2万多起强奸、轮奸妇女暴行，无数住宅、商店、机关、仓库被抢劫、焚烧和破坏，全市约三分之一的建筑物和财产化为灰烬。为悼念南京大屠杀遇难同胞，南京市在侵华日军南京大屠杀江东门集体屠杀遗址和遇难者丛葬地，建设侵华日军南京大屠杀遇难同胞纪念馆，1985年8月15日纪念馆落成开放，后经1994年、2005年两次扩建，新馆于2007年12月13日建成开放。新馆占地面积约7.4万平方米，建筑面积达2.5万平方米，展陈面积达1.14万平方米，是一座全面展示南京大屠杀特大惨案的纪念性遗址型历史博物馆，场馆分展览集会区、遗址悼念区、和平公园区和馆藏交流区4个功能性区域，陈列分广场陈列、遗骨陈列、史料陈列三大部分。广场陈列由悼念广场、祭奠广场、墓地广场3个外景陈列场所组成。悼念广场内有刻南京大屠杀事件发生的时间的标志碑、“倒下的300000人”的抽象雕塑、“古城的灾难”组合雕塑及和平鸽等；祭奠广场有用中英日三国文字镌刻的“遇难者300000”的石壁；墓地广场有灰色石刻浮雕、17块小型碑雕、大型石雕母亲像、遇难者名单墙、赎罪碑等。遗骨陈列有从江东门“万人坑”中挖出的部分遇难者遗骨，是侵华日军南京大屠杀暴行的铁证。侵华日军南京大屠杀遇难同胞纪念馆于1997年被中央宣传部公布为全国爱国主义教育基地；2005年被全国红色旅游工作协调小组公布为全国红色旅游经典景区；2010年被国家旅游局公布为国家AAAA级旅游景区。侵华日军南京大屠杀遇难同胞丛葬地于2006年被国务院公布为全国重点文物保护单位；2010年被国家旅游局公布为国家AAAA级旅游景区。

侵华日军南京大屠杀遇难同胞纪念馆悼念广场

侵华日军南京大屠杀遇难同胞纪念馆内景

侵华日军南京大屠杀遇难同胞纪念馆墓地广场

南京抗日航空烈士纪念馆

★ 位于江苏省南京市钟山北麓

南京抗日航空烈士纪念碑

南京抗日航空烈士纪念馆全景

南京抗日航空烈士纪念馆是世界上首座国际抗日航空烈士纪念馆，展示了第二次世界大战期间，中、美、苏等国空军在中国大地上联合抗击侵华日军的英勇历史。为纪念英勇献身的抗日航空烈士，1932年，原国民政府在紫金山（今钟山）北麓建设了南京航空烈士公墓，抗战胜利后，又陆续安葬了170余名在中国抗日战争期间牺牲的中国和援华的苏联、美国、韩国航空人员。1995年9月，在公墓上方建成了抗日航空烈士纪念碑，镌刻着3305名中外航空烈士的英名，其中中国烈士870名，美国烈士2197名，苏联烈士236名，韩国烈士2名。为了展现当年航空烈士的英雄事迹，2008年，南京市人民政府在紫金山北麓建设南京抗日航空烈士纪念馆，2009年9月建成并使用。纪念馆占地面积4万多平方米，建筑面积2200平方米。纪念馆由“奋勇抗战”、“国际援华”、“壮志凌云”、“缅怀先烈”四个室内馆区及陈列雕塑、战机模型的两个室外展区组成，全面展示了中、美、苏等国空军共同抗击侵华日军的英雄事迹。南京抗日航空烈士纪念馆于2002年被江苏省人民政府公布为江苏省文物保护单位。

南京抗日航空烈士纪念馆烈士墓

中国战区侵华日军投降签字仪式旧址全景

中国战区侵华日军投降签字仪式旧址内景

中国战区侵华日军投降签字仪式旧址

★ 位于江苏省南京市南京军区大院内

中国战区侵华日军投降签字仪式旧址原为民国中央陆军军官学校的大礼堂。大礼堂建成于1929年2月，建筑高二层，占地面积1530平方米。1945年9月9日9时，在这里举行了中国战区侵华日军投降签字仪式。1946年6月，成为国民政府的国防部大礼堂。新中国成立后成为军事学院大礼堂，后改为南京军区大礼堂。2005年4月，按照“原貌不变、修旧如故、新旧协调，保证质量、满足功能”的原则，对大礼堂进行维修改造，复原了原来的日本投降签字仪式的场景。中国战区侵华日军投降签字仪式旧址于2006年被江苏省人民政府公布为江苏省文物保护单位。

拉贝故居

★ 位于江苏省南京市鼓楼区广州路小粉桥1号

拉贝塑像

拉贝故居是1932至1938年间德国西门子公司驻南京代表处代表约翰·拉贝先生的住宅。1937年12月，侵华日军攻占南京前，拉贝被推选为南京安全区国际委员会主席。拉贝及其领导的南京安全区国际委员会成员，置个人安危于不顾，全力照顾、保护、拯救处于日军暴行威胁下的中国军民；日本侵略南京后，这里成为南京安全区25个难民收容所之一，25万难民拥进安全区避难，这个小院就保护了600多位难民免遭日军的杀害。拉贝先生亲眼目睹日军暴行，在这里写下了著名的《拉贝日记》，记录了大量侵华日军罪行的历史事实。1996年12月，拉贝的外孙女莱茵哈特夫人在美国纽约公开了《拉贝日记》，拉贝故居重新回到了人们的视野中。自1997年起，南京大学开始对拉贝故居进行保护，将故居修建成纪念馆。2005年12月，启动拉贝故居修缮工程，并在故居原址建立“拉贝与国际安全区纪念馆”、“拉贝国际和平与冲突化解研究交流中心”。2006年10月，约翰·拉贝故居正式对外开放。故居总面积为1628平方米，分为六个展区，共展出300多张图片、50多件实物及4部影像资料片。拉贝故居于2006年被江苏省人民政府公布为江苏省文物保护单位。

拉贝故居外景

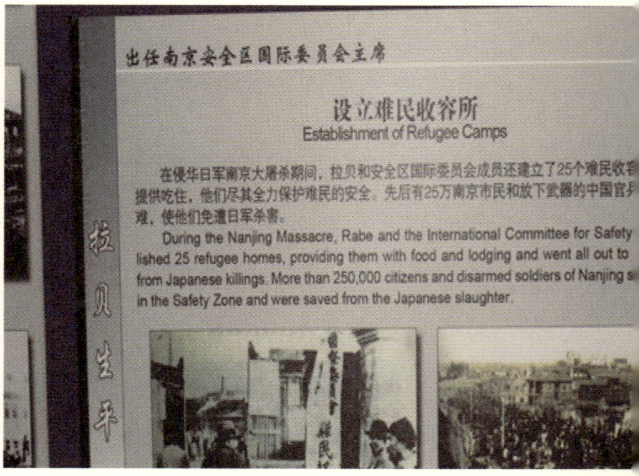

拉贝故居内景

抗日山烈士陵园正门

抗日山烈士陵园纪念馆

抗日山烈士陵园

★ 位于江苏省连云港市赣榆县班庄镇

抗日山原名马鞍山，位于赣榆县西部苏鲁两省交界处。1943年11月，伪军李亚藩部集中兵力，向滨海区“蚕食”。为歼灭李亚藩部伪军，消除威胁，11月19日，八路军滨海军区决定发动赣榆战役。此役，歼灭日、伪军1600余人，巩固扩大了滨海抗日根据地。为纪念在战斗中牺牲的勇士，滨海军民在赣榆县西部马鞍山巅修建了抗日烈士纪念塔，1942年7月纪念塔落成。1941至1944年间，八路军第115师教导2旅以及滨海军区的广大军民曾四次为死难烈士树碑建塔。1944年7月7日，抗日山烈士陵园建成。陵园占地面积24万平方米，自上而下建有抗日烈士纪念塔、马鞍石、抗日烈士纪念堂、滨海军区抗日烈士纪念塔、符竹庭将军陵寝、国际友人纪念碑、小沙东海战烈士冢、革命烈士纪念馆、碑廊、国防园、集会广场及东西两大墓群等主要纪念建筑物。抗日烈士塔碑上铭刻着3576位抗日烈士的英名。墓区中有1604座烈士墓。抗日山烈士陵园于1982年被江苏省人民政府公布为江苏省重点文物保护单位；1989年被民政部公布为全国重点烈士纪念建筑物保护单位；2005年被中央宣传部公布为全国爱国主义教育示范基地；2008年被国家旅游局公布为国家AAAA级旅游景区；2009年被国家国防教育办公室公布为国家国防教育示范基地。

抗日山烈士陵园纪念塔

刘老庄八十二烈士陵园

★ 位于江苏省淮安市淮阴区刘老庄乡刘老庄街

刘老庄八十二烈士陵园正门

1943年3月，日军对江苏北部淮海抗日根据地进行大规模“扫荡”。3月17日，日、伪军1000余人合围驻六塘河北岸的淮海区党政领导机关。新四军第3师7旅19团2营4连奉命阻击敌人，掩护淮海区党政机关安全转移。当天，日、伪军进行第二次合围，该连与日、伪军在淮阴以北老张集、朱杜庄一带遭遇。激战半日，黄昏后再次突围，转移到老张集西北的刘老庄地区。18日晨，日、伪军进行第三次合围，全连82人陷入日、伪军重围，浴血奋战。从拂晓到黄昏，连长白思才和指导员李云鹏带领全连官兵，连续打退日、伪军5次进攻，毙伤日、伪军300余人。因寡不敌众，全连弹尽粮绝，全部壮烈牺牲。战后，淮阴人民将烈士的忠骸收殓，举行公葬，修建了新四军抗战八十二烈士公墓和陵园。1955年，重建八十二烈士墓；1992年，扩建陵园。陵园内建有纪念馆、纪念塔、壮志亭、墓碑、浮雕、石柱、石刻、碑廊等，还有象征八十二烈士的八十二棵青松。2010年，淮阴区将刘老庄八十二烈士陵园扩建为新四军刘老庄纪念园，建设了纪念碑廊、浴血刘老庄主题战壕遗址、八十二烈士纪念馆、红星广场、新四军刘老庄连纪念林等设施。刘老庄八十二烈士陵园于1982年被江苏省人民政府公布为江苏省文物保护单位；1987年被江苏省人民政府公布为江苏省重点烈士纪念建筑物保护单位；1996年被江苏省委宣传部公布为江苏省爱国主义教育基地；2005年被全国红色旅游工作协调小组公布为全国红色旅游经典景区。

刘老庄八十二烈士纪念馆内景

刘老庄八十二烈士纪念碑

新四军纪念馆全景

新四军纪念馆纪念雕塑

新四军纪念馆

★ 位于江苏省盐城市建军东路

新四军是在国共两党合作抗日的形势下，由江西、福建、广东、湖南、湖北、河南、浙江、安徽八省十四个地区的红军游击队，从1937年10月起陆续改变而成，全称“中国国民革命军陆军新编第四军”。八年抗战期间，新四军共作战3万余次，毙伤日、伪军42万人，为中华民族的解放事业和世界反法西斯战争胜利立下了不可磨灭的功绩。1985年，经中央宣传部和江苏省委批准，在江苏盐城筹建新四军重建军部纪念馆，1986年10月建成并开放。全馆由主馆区、重建军部纪念塔（大铜马）和重建军部旧址（泰山庙）等组成，占地面积120亩，建筑面积1.3万平方米，展览面积9000多平方米，馆藏文物史料1万余件，是一座全面系统反映新四军军史的综合性史料馆。李先念同志题写馆名和碑名，江泽民、胡锦涛、胡耀邦、朱镕基等中央领导人为该馆题词。新四军纪念馆于1997年被中央宣传部公布为全国爱国主义教育示范基地；2005年被全国红色旅游工作协调小组公布为全国红色旅游经典景区；2011年被国家旅游局公布为国家AAAA级旅游景区。

大韩民国临时政府杭州旧址纪念馆

★ 位于浙江省杭州市上城区长生路53—55号

大韩民国临时政府杭州旧址纪念馆全景

大韩民国临时政府自1919年4月11日成立之日起，就一直在中国从事抗日复国独立运动，并得到当时中国政府和人民的大力援助。1932年4月29日，上海虹口公园爆炸事件后，大韩民国临时政府转移到浙江，1932年5月至1935年11月的三年半时间，以杭州为主要活动地，在杭州长生路湖边村、学士路思鑫坊、仁和路清泰第二旅社等处都留下了临时政府要员活动的足迹，如召开国务会议、发行独立党机关报《震光》等。在韩国独立运动史上起着非常重要的作用。经有关部门批准，杭州市人民政府于2002年开始筹建大韩民国临时政府杭州旧址纪念馆，2007年11月正式开馆。2012年，修缮并重新布展，现设有3个展厅，以影像、实物、图片、电子相册等形式展示当年情景，成为中韩两国友谊的见证、友好交流的基地。大韩民国临时政府旧址纪念馆于2013年被杭州市人民政府公布为杭州市文物保护单位。

大韩民国临时政府杭州旧址纪念馆内景

大韩民国临时政府杭州旧址纪念馆内景

侵华日军细菌战衢州展览馆全景

侵华日军细菌战衢州展览馆内景

侵华日军细菌战衢州展览馆

★ 位于浙江省衢州市柯城区罗汉井5号

1940年，侵华日军第731部队和南京“荣”字1644部队策划实施细菌战，在衢州上空投放带有鼠疫杆菌的粮食、碎布、纸张等物品，其中还混有大量跳蚤。到1941年，鼠疫已蔓延衢州58条街、12个乡镇。1942年6月，日军攻占衢州后，又再次空投鼠疫、伤寒疾菌。据统计，1940年至1945年，侵华日军在衢州进行细菌战，造成衢州各地连续8年传染病大流行，患传染病死亡者约4万人。为牢记侵华日军犯下的滔天罪行，1998年，衢州市建立侵华日军细菌战衢州展览馆。展览馆面积300平方米，展出内容为“731部队的罪行”、“衢州的灾难深重”、“为尊严而斗争”、“正义的呼声”等部分，并在馆内竖立了一块“铭记牌”，控诉了当年日军的罪恶行径。侵华日军细菌战衢州展览馆于2010年被浙江省委、省人民政府公布为浙江省爱国主义教育基地；2011年被浙江省人民政府公布为浙江省文物保护单位。

台湾义勇队纪念馆暨台湾义勇队成立旧址

★ 位于浙江省金华市酒坊巷84号

台湾义勇队是台湾同胞中直接参加中国抗战人数最多、影响最大、持续时间最长的一支抗日队伍。1939年2月22日，在中共浙江省委的指导帮助下，台籍抗日将领李友邦将军在金华市区酒坊巷18号（现84号）成立台湾义勇队及台湾少年团。义勇队及台湾少年团以“保卫祖国，解放台湾”为宗旨，积极开展抗日活动，范围遍及各地，影响远及东南亚。1945年，抗战胜利后，台湾义勇队、台湾少年团分批从厦门回到台湾，1946年2月被解散。台湾义勇队纪念馆，占地面积200平方米，建筑面积145平方米，为一层砖木结构。馆内收藏当年的老照片60多张、文物近百件。该馆是全国唯一的有关台湾人民有组织参加中国抗战的历史遗存。台湾义勇队成立旧址纪念馆于2007年被浙江省委宣传部公布为浙江省爱国主义教育基地。

台湾义勇队成立旧址

台湾义勇队纪念馆正门

台湾义勇队纪念馆内景

大通万人坑教育馆正门

大通万人坑教育馆全景

大通万人坑教育馆

★ 位于安徽省淮南市大通区大通街道矿南社区

大通万人坑是日本发动侵略战争在我国犯下滔天罪行的历史铁证。为掠夺我国的煤炭资源，1938年6月，日本侵占了淮南大通煤矿，施行了惨无人道的法西斯统治，采用打活靶、蹲水牢、站钉笼、装麻袋等手段，残害矿工和抗日志士。据统计，在1938年至1945年7年间，大通煤矿有1.7万多人被日军折磨致死。仅在1942年秋至1943年春的短短几个月，死难者就有1.3万多人。遇难矿工尸体被抛弃在荒山脚下，堆积如山。1943年春，日本侵略者强令矿工们挖了3条长20米、宽5米、深3米的大坑，将遍地尸骨抛入坑内，就形成了白骨累累的“万人坑”。1968年，在大通万人坑原址上建立淮南市大通万人坑教育馆。全馆占地面积约3.1万平方米，建筑面积6900平方米，陈展面积2400平方米。展厅有日军侵占大通期间布局沙盘、矿工生产生活用具、矿工作业场景及泥塑、日军残害矿工刑具、大病房和3条白骨大坑、秘密水牢、碉堡水牢等遗址。大通万人坑曾在二十世纪六七十年代入选全国小学语文课本和初中英语课本。大通万人坑教育馆于1995年被安徽省委、省人民政府公布为省级爱国主义教育基地；2007年被国家旅游局公布为国家AAA级旅游景区；2013年被国务院公布为全国重点文物保护单位。

大通万人坑教育馆内景

新四军军部旧址纪念馆

★ 位于安徽省宣城市泾县云岭镇

新四军军部司令部旧址

抗日战争时期，国民革命军陆军新编第四军（简称新四军）军部，于1938年8月2日至1941年1月4日驻扎安徽省泾县云岭。驻扎期间，在对全军实施政治领导、军事指挥、组织建设、后勤保障等方面，开展了大量卓有成效的工作。先后开创苏南、苏北、皖南、皖中、皖东、豫皖苏、皖东北、豫鄂边等敌后抗日游击根据地，领导和指挥新四军各部队进行了1340多次战斗，歼灭日、伪军10万余人，给日本侵略者以沉重打击，成为新四军军史和中国革命史册上浓墨重彩的一页。云岭新四军军部旧址纪念馆是在原新四军军部驻扎云岭期间旧址上建立的，占地面积6万平方米。陈毅元帅为纪念馆题写馆名。纪念馆内现保存有中共中央东南局、军部司令部、军部大会堂、政治部、修械所、教导队、叶挺桥、抗日殉国烈士墓等10处旧址。新建的新四军史料陈列馆总面积为1.26万平方米，陈展面积为6800平方米。陈列馆利用馆藏文物史料、声光电多媒体等科技手段，展现了新四军十年波澜壮阔的战斗历程。新四军军部旧址于1961年被国务院公布为全国重点文物保护单位。新四军军部纪念馆于2001年被中央宣传部公布为全国爱国主义教育示范基地；2005年被全国红色旅游工作协调小组公布为全国红色旅游经典景区；2006年被国家旅游局公布为国家AAAA级旅游景区；2009年被国家国防教育办公室公布为国家国防教育示范基地；2010年被中央纪委公布为全国廉政教育基地。

新四军军部旧址纪念馆廉政馆

新四军军部旧址无名抗日殉国烈士墓

庐山抗战纪念馆正门

庐山抗战纪念馆内景

庐山抗战纪念馆

★ 位于江西省九江市庐山区牯岭镇河西路506号

庐山抗战纪念馆前身是庐山牯岭图书馆，始建于1935年，为三栋联立的中式宫殿式建筑，是民国时期庐山的三大建筑之一。1937年7月16日，国民党政府庐山谈话会在图书馆小礼堂内召开，7月17日，蒋介石在这里发表了著名的《对于卢沟桥事件之严正表示》，又称“抗战宣言”；同年9月23日，在历经两次国共庐山谈判后，蒋介石在这里发表了《对中国共产党宣言的谈话》，宣告国共两党和平统一、团结御侮，全民族抗战由此拉开帷幕。1938年5月，宋美龄在这里主持召开全国妇女界抗战座谈会，中共代表邓颖超、孟庆树等应邀出席。2009年5月，将图书馆改造成庐山抗战纪念馆。新庐山抗战纪念馆展览面积1200余平方米，重点展示在中国共产党和全国人民共同呼吁下，召开“牯岭谈话会”，蒋介石宣布对日抗战、发表抗战宣言的历史。庐山抗战纪念馆于1996年被国务院公布为全国重点文物保护单位。

上高县抗日阵亡将士陵园

★ 位于江西省宜春市上高县镜山

1941年3月至4月，日军为保证南昌及其附近占领地的安全，发动企图消灭赣北中国军队主力的上高会战。此役，日军第11军团参战兵力6.5万余人，战车40余辆，飞机100余架；中国军队第19集团军参战兵力近10万人。经过26天的激战，共毙伤日军1.5万余人，击毁日军飞机4架，缴获大批武器。上高会战是我国抗日战争中十三次大捷之一，被誉为“媲美台儿庄胜利的赣北大捷”。为纪念阵亡的九千名英烈，国民政府于1941年5月修建陵园。1991年，上高县在县城东郊的镜山旁，重建抗日阵亡将士陵园。陵园占地面积2.3万平方米，陵园内有烈士纪念碑、会战亭、烈士墓区、境山核心战场遗址、十九集团军罗卓英总指挥部遗址等多处抗日遗址。张爱萍将军题写陵园园名。境山核心战场遗址于1987年被江西省人民政府公布为江西省文物保护单位。上高县抗日阵亡将士陵园于2009年被江西省委公布为江西省爱国主义教育基地。上高会战遗址于2013年被国务院公布为全国重点文物保护单位。

上高县抗日阵亡将士陵园正门

上高县抗日阵亡将士陵园墓碑

上高县抗日阵亡将士陵园通道

胶东革命烈士陵园正门

胶东革命烈士陵园纪念堂

胶东革命烈士陵园

★ 位于山东省烟台市栖霞市桃村镇英灵山

1941年3月，胶东军区司令员许世友将军指挥八路军清河独立团和第5旅第5支队，发起以攻取牙山、消灭伪军蔡晋康部的战斗，经过三天激战，我军取得完全胜利。这就是著名的牙山战役。胶东革命烈士陵园原称胶东抗日烈士陵园，是为纪念抗日战争时期牺牲在胶东大地上的20850名抗日烈士而集资修建的，始建于1945年春，1989年更名为胶东革命烈士陵园。陵园占地面积760亩，园内有胶东抗日烈士纪念塔、铭录塔、芳名塔、募捐塔，纪念堂、碑、亭，著名烈士墓、胶东革命烈士纪念大型铜雕、任常伦铜像等311处烈士纪念建筑物、279座烈士墓，收录20850名烈士英名。安葬着胶东特委书记、山东人民抗日救国军第三军司令理琪，胶东行署主任王文及277位烈士的遗体。胶东革命烈士陵园于1989年被民政部公布为全国重点烈士纪念建筑物保护单位；2014年被中央宣传部公布为全国爱国主义教育示范基地。

胶东革命烈士陵园纪念塔

地雷战纪念馆

★ 位于山东省烟台市海阳市文山街11号

抗日战争期间，海阳民兵在艰苦的条件下，在各村建立地雷加工厂，创造了夹子雷、连环雷等10多种地雷和子母雷、头发雷等30多种埋雷方法，先后作战2000余次，毙伤日、伪军1897人，沉重打击了日本侵略者的嚣张气焰。1962年，八一电影制片厂以此为原型，实地拍摄了《地雷战》，从此海阳地雷战的英雄事迹轰动全国。原地雷战纪念馆位于地雷战遗址所在地——赵疃村。1999年，地雷战纪念馆迁至文山街11号；2006年5月，海阳市对纪念馆进行扩建；2008年，重新进行布展。新的地雷战纪念馆展厅面积2200平方米，藏品500余件套，有当年民兵用过的土枪、土炮、大刀、长矛、铁雷、石雷、埋雷工具、学习材料、瓦解伪军的传单及英雄模范人物的遗物等。展览共分“民族危急”、“共赴国难”、“地雷战日寇丧胆”、“英雄造雷乡”、“光辉事迹垂青史”五个部分。地雷战纪念馆于2005年被中央宣传部公布为全国爱国主义教育示范基地；2011年被全国红色旅游工作协调小组公布为全国红色旅游经典景区。

地雷战纪念馆正门

地雷战纪念馆内景

地雷战纪念馆内景

马石山烈士陵园

★ 位于山东省威海市乳山市诸往镇上石硼村

1942年11月23日，日军2万多人对胶东抗日根据地进行大“扫荡”，妄图消灭胶东军区部队。胶东军区主力部队获得消息后，提前转移。11月24日，在胶东马石山，日军残杀被围困的抗日军民500多名，制造了“马石山惨案”。胶东军区第5旅13团7连战士掩护群众突围转移，为了吸引日军，2排6班的10名战士在马石山主峰顽强坚守，打退了日军的多次进攻，最后壮烈牺牲，被称为“马石山十勇士”。为纪念牺牲的抗日军民，1943年1月25日，胶东区行署建立“马石山殉难军民之墓”；2月18日，树立“马石山殉难军民纪念碑”。1971年到1972年，当地人民政府先后在马石山修建了烈士陵园、烈士纪念堂、抗日烈士纪念塔。1985年，许世友上将为陵园题词。马石山烈士陵园占地面积5.3公顷，抗日烈士纪念堂内陈列烈士遗物、惨案照片等实物资料。纪念堂后安葬着96名在马石山惨案中牺牲的烈士。马石山烈士陵园于1990年被山东省人民政府公布为山东省重点烈士纪念建筑物保护单位；2005年被山东省委公布为山东省爱国主义教育基地。

马石山烈士陵园纪念堂全景

马石山烈士陵园纪念塔

华东革命烈士陵园

★ 位于山东省临沂市兰山区陵园前街4号

华东革命烈士陵园抗日战争纪念馆

以临沂为中心的沂蒙山区有着光荣的革命传统。这里曾是山东抗日根据地的核心地带，刘少奇、罗荣桓、徐向前、陈毅、粟裕等老一辈革命家和八路军第115师、八路军第1纵队、八路军山东纵队、新四军都曾在这里驻扎、转战。八年抗日战争中，山东军民在这里作战2.6万次，消灭日、伪军50余万人，沂蒙老区有20万人参军参战，10万先烈血洒战场。由此孕育形成了“爱党爱军、无私奉献”的沂蒙精神。为了缅怀先烈们的功绩，1949年4月，山东省人民政府在临沂兴建烈士陵园，定名“临沂革命烈士陵园”；1987年10月，经国家民政部批准，更名为“华东革命烈士陵园”。陵园占地面积20万平方米，建有塔、堂、馆、亭、墓、廊等大型革命烈士纪念建筑物18座。革命烈士纪念塔于1950年5月1日落成，塔高45米，为五角亭柱式，分为塔台、塔身、塔顶三部分。革命烈士纪念堂于1950年7月1日落成，堂内石碑上镌刻着62576位烈士英名。烈士墓区内建有罗炳辉将军墓、波兰记者汉斯·希伯烈士墓、陈明夫妇合葬墓等。毛泽东、刘少奇、周恩来、朱德、任弼时、邓小平、江泽民等中央领导人为陵园题词。华东革命烈士陵园于1986年被国务院公布为全国重点烈士纪念建筑物保护单位；2001年被中央宣传部公布为全国爱国主义教育示范基地；2005年被全国红色旅游工作协调小组公布为全国红色旅游经典景区。

华东革命烈士陵园纪念堂

华东革命烈士陵园纪念塔

费县烈士陵园

★ 位于山东省临沂市费县薛庄镇

费县烈士陵园全景

大青山胜利突围纪念碑

大青山胜利突围纪念馆内景

抗日战争时期，大青山一带是沂蒙抗日根据地的中心地区。1941年11月30日拂晓，日本侵略军独立混成第10旅团及各据点日、伪军5000余人，对大青山地区进行“清剿”。抗大1分校及中共山东分局、省战工会、第115师等机关近6000名非武装人员，误入敌“清剿”圈，形势万分危急。抗大1分校校长周纯全指挥1分校5大队，掩护大部队胜利突围。由于敌我力量悬殊，省战工会副主任兼秘书长陈明、波兰记者汉斯·希伯、第115师敌工部部长王立人等300余人在突围战中壮烈牺牲。大青山胜利突围战成功地保卫了山东党政军机关，在全国抗日战争史上具有重大影响。为纪念大青山胜利突围战和英勇牺牲的英烈，1954年当地人民政府建立了费县革命烈士陵园，1997年在突围战旧址建立了大青山胜利突围纪念碑、纪念亭，迟浩田将军题写碑名。费县革命烈士陵园占地面积160亩，分为瞻仰区和烈士安息区。瞻仰区内建有大青山胜利突围纪念广场、纪念馆。纪念馆展览分为“创建沂蒙根据地”、“浴血突围大青山”、“青山作证英名存”、“沂蒙精神铸辉煌”四个部分，再现了大青山胜利突围的场景。烈士安息区分为烈士墓区、烈士碑林和抗大碑林，烈士墓区安葬800多位有名烈士、3000多名无名烈士和刘加其、陈明、辛锐、张鸿仪、汉斯·希伯等著名烈士。费县烈士陵园于1990年被山东省人民政府公布为山东省重点烈士纪念建筑物保护单位；2000年被共青团中央公布为全国青少年教育基地。

台儿庄大战纪念馆

★ 位于山东省枣庄市台儿庄城西南郊

台儿庄大战纪念馆全景

台儿庄地处苏鲁交界，为山东南大门，徐州北门户，南北漕运枢纽，战略位置十分重要。1938年春，日军矶谷师团沿台枣支线挺进，欲夺取台儿庄，占领徐州，打通津浦线。坐镇徐州的中国第5战区司令长官李宗仁，命孙连仲部防守台儿庄，在以台儿庄为中心的鲁南地区与侵华日军展开一场大规模的惨烈战役。台儿庄战役持续一个多月，歼灭日军万余人，取得了抗战以来的最大胜利。这就是闻名中外的“台儿庄大捷”。1992年10月，经中央宣传部批准，台儿庄区人民政府兴建台儿庄大战纪念馆，1993年4月建成并开馆。2006年，改扩建。纪念馆占地面积96亩，建筑面积1.2万平方米，展厅面积8000平方米。展览馆分为展室、书画馆和全景画馆，通过大量图片、史料、实物模型等，展示了中国抗战将士在台儿庄浴血奋战直至全胜的历史过程。台儿庄大战纪念馆于1997年被中央宣传部公布为全国爱国主义教育示范基地；2005年被全国红色旅游工作协调小组公布为全国红色旅游经典景区；2008年被国家旅游局公布为国家AAAA级旅游景区；2009年被国家国防教育办公室公布为国家国防教育基地；2013年被国务院公布为全国重点文物保护单位。

台儿庄大战纪念馆史料馆

台儿庄大战纪念馆内景

铁道游击队纪念园正门

铁道游击队纪念广场

铁道游击队纪念园

★ 位于山东省枣庄市薛城区临山路

铁道游击队隶属于八路军第115师苏鲁支队。1940年1月26日，铁道游击队正式成立。在津浦线上，铁道游击队的战士们炸火车、炸桥梁、打洋行、飞车搞机枪，英勇杀敌，建立奇功；开辟了华中、山东赴延安的通道，护送刘少奇、陈毅、罗荣桓、肖华等首长和千余名指战员安全过境。他们的事迹被改编成小说和影视作品，在群众中广为流传。铁道游击队纪念园始建于1994年，占地面积9公顷。纪念园由纪念广场、甬道、纪念碑、碑廊、八大亭、刘金山墓、王强墓、铁道游击队影视城、铁道游击队史料馆等组成。铁道游击队纪念碑坐落在园区中心，高33米。杨尚昆同志为铁道游击队纪念碑题写碑名。纪念碑东侧有铁道游击队大队长刘金山、副大队长王志胜同志的墓。铁道游击队纪念园于2005年被中央宣传部公布为全国爱国主义教育基地；2005年被全国红色旅游工作协调小组公布为全国红色旅游经典景区。

铁道游击队纪念碑

滕州市烈士陵园

滕州市烈士陵园正门

★ 位于山东省枣庄市滕州市大坞镇仁山

抗日战争时期，滕州是对日、伪军斗争的主战场，这里曾发生过著名的滕县保卫战和鲁南人民抗日武装起义等战斗。1938年3月15日，侵华日军矶谷廉介师团3万余人，携大炮70多门、战车50辆，并配有飞机50架，沿津浦路南下，进犯滕县。国民革命军第122师师长王铭章率4000余名川军将士在滕县阻击日军矶谷廉介师团，激战三昼夜，全部壮烈殉国。滕县保卫战为台儿庄大捷赢得了宝贵时间。李宗仁曾高度赞誉："若无滕县之苦守，焉有台儿庄之大捷。"1938年5月21日，中共滕县特支在滕县南塘举行了鲁南人民抗日武装起义，建立了鲁南人民抗日义勇总队，后编入八路军115师。为纪念滕县保卫战和鲁南人民抗日武装起义英勇牺牲的将士，当地人民政府于1962年建立了滕县烈士陵园，1985年更名为滕州烈士陵园，2008年经山东省委批准重新修建。烈士陵园占地面积621亩，建筑面积共1.14万平方米，陈展面积3万余平方米。陵园主要由鲁南人民抗日武装起义纪念馆、鲁南人民抗日武装起义纪念碑、著名英烈纪念碑亭、英烈园、大型兵器广场等组成。鲁南人民抗日武装起义纪念馆，主要展示抗日战争时期滕县党组织领导军民开展对日作战的艰难历程，王铭章将军等抗日英烈的事迹展览。鲁南人民抗日武装起义纪念碑高38米，两侧分别建有王铭章、马立训、洪振海等著名抗日烈士的纪念碑亭。滕州市烈士陵园于2001年被山东省人民政府公布为全省重点烈士纪念建筑物保护单位；2011年被国家旅游局公布为国家AAA级旅游景区；2011年被中国科学技术协会公布为全国科普教育基地；2011年被中共山东省纪委公布为山东省反腐倡廉教育基地；2012年被山东省人民政府公布为山东省国防教育基地。

鲁南人民抗日武装起义纪念馆全景

鲁南人民抗日武装起义纪念碑和英烈园

彭雪枫纪念馆全景

彭雪枫纪念馆内景

彭雪枫纪念馆

★ 位于河南省南阳市镇平县建设东路378号

彭雪枫（1907—1944），原名彭修道，河南镇平人。1926年9月，加入中国共产党。1927年，在北平、天津、开封、上海等地从事学运、农运、兵运工作。1930年，参加红军，后任中央革命军事委员会第1局局长、红军第3军团师长、陕甘支队第2纵队司令员、红军第1军团4师师长。抗日战争全面爆发后，历任八路军总参谋部参谋处处长兼驻晋办事处主任。1941年1月，皖南事变后，八路军第4纵队改编为新四军第4师，彭雪枫任师长兼政治委员。1942年11月，成功指挥淮北反击日军“扫荡”作战的胜利，为保卫淮北抗日根据地立下不朽的功绩。1944年9月11日，在河南省夏邑县八里庄指挥对顽军王传绶部作战时，被流弹击中牺牲。他投身革命20年，智勇双全，战功卓著，被毛泽东、朱德誉为“共产党人的好榜样”。为了缅怀彭雪枫的英勇事迹，1984年，中央批准在河南镇平县修建彭雪枫纪念馆，1988年建成并开馆。纪念馆占地面积2.5万平方米，由广场、彭雪枫将军铜像、碑亭、碑廊、瞻仰大厅、展室等组成，再现了将军光辉的一生。彭雪枫纪念馆于1986年被河南省人民政府公布为河南省文物保护单位；2005年被中央宣传部公布为全国爱国主义教育基地；2009年被国家国防教育办公室公布为国家国防教育示范基地；2011年被全国红色旅游工作协调小组公布为全国红色旅游经典景区。

吉鸿昌将军纪念馆

★ 位于河南省周口市扶沟县鸿昌大道

吉鸿昌将军纪念馆正门

吉鸿昌（1895—1934），字世石，河南扶沟人。1913年8月，吉鸿昌投入冯玉祥部，历任营长、团长、旅长、师长等职。1929年，任宁夏省主席兼第10军军长。1930年10月，所率部队接受了蒋介石的改编，任22路总指挥兼第30师师长。1932年，加入中国共产党。1933年5月，与冯玉祥一起组建察哈尔民众抗日同盟军，任第2军军长和张家口警备司令。曾率部收复了被伪军占领的康保、宝昌、多伦等县城。1934年5月，在天津成立了中国人民反法西斯大同盟，任中央委员会及大同盟内的中共党团领导成员。11月9日，在天津法租界被捕，关押在法国工部局监狱，后被引渡给北平军分会。24日，在北平陆军监狱被杀害。吉鸿昌将军纪念馆前身为河南省扶沟县烈士陵园，建于1962年。为纪念抗日英雄吉鸿昌将军，1979年在陵园筹建吉鸿昌将军纪念馆，1984年建成。2009年重建，建成后占地面积10万平方米，建筑面积1.6万平方米，由主馆、纪念广场、国防教育园、休闲公园四部分组成；主馆内设瞻仰大厅、吉鸿昌烈士厅、书画厅、多功能厅、廉政教育厅和半景画馆等。纪念馆于2005年被中央宣传部公布为全国爱国主义教育示范基地；2009年被国家国防教育办公室公布为国家国防教育示范基地。

吉鸿昌将军纪念馆纪念广场

吉鸿昌将军纪念馆内景

中山舰博物馆全景

中山舰博物馆内景

武汉市中山舰博物馆

中山舰阵亡将士纪念碑

★ 位于湖北省武汉市江夏区金口街

中山舰原名永丰舰，1910年由清政府向日本船厂订购，1913年完工返国，被编入北洋政府海军。1925年，以孙中山先生的名字命名，易名为中山舰。1937年，抗日战争全面爆发后，中山舰调入长江流域。此后中山舰参加了武汉保卫战，担负长江警戒及运输任务。1938年10月24日，中山舰在湖北金口江面巡航时，遭遇六架日军战机轮番攻击，中弹沉没，舰长萨师俊等25人英勇牺牲。1997年，经国务院批准，中山舰被整体打捞出水。1998年，在金口牛头山上新建中山舰抗日阵亡将士纪念碑。1999年12月，武汉市中山舰博物馆成立。2001年12月，举行了中山舰修复保护工程竣工仪式，恢复了1938年武汉保卫战中被敌机炸沉时的原貌。2011年9月，中山舰博物馆对外开放。中山舰博物馆主体建筑面积1.1万平方米，由中山舰博物馆核心区、武汉会战纪念园区、胜利广场和和平家园等部分构成。馆内展出中山舰复原陈列、中山舰史迹陈列及中山舰出水文物陈列等，馆藏文物2386件套。武汉市中山舰博物馆于2009年被国家国防教育办公室公布为国家国防教育示范基地；2010年被湖北省人民政府公布为湖北省爱国主义教育基地。

张自忠烈士纪念馆

★ 位于湖北省宜城市襄沙大道55号

张自忠（1890—1940），字荩忱，山东临清人。1911年，考入天津政法学堂。1916年，在冯玉祥部任排长，后任连长、营长、团长、师长。1930年5月，任国民革命军第29军38师师长兼张家口警备司令。1933年，张自忠率部前往喜峰口到罗文峪一线阻击日军。1937年，抗日战争全面爆发后，任59军代理师长。1938年，参加徐州会战，率部取得临沂战役的胜利；同年10月，任第33集团军总司令，奉命驻守鄂北襄河两岸。1940年5月，日军向鄂北的随县、枣阳地区进犯。张自忠亲自渡河督战。16日，在宜城大洪山山区罐子口，遭到两侧山头日军的猛烈炮击，部队被迫退至南瓜店。张自忠左臂、腰部受伤，仍坚持督战，终因伤势过重牺牲。国民政府为张自忠举行国葬，追晋其为陆军上将。为纪念这位抗日名将，1941年5月，张自忠将军的部下，在长山的次峰修建了“张上将自忠纪念碑”，山脚下修建了“同难官兵公墓”。1982年4月16日，张自忠被国家民政部追认为革命烈士。为纪念张自忠将军100周年诞辰，1991年5月，宜城市在烈士陵园新建张自忠将军纪念馆。纪念馆建筑面积747平方米，分11部分展出，现存照片、图片、文字资料800余份，遗物11件。张自忠将军纪念馆于2002年被湖北省人民政府公布为湖北省国防教育基地；2005年被中央宣传部公布为全国爱国主义教育示范基地；2011年被全国红色旅游工作协调小组公布为全国红色旅游经典景区。

张自忠将军纪念馆正门

张自忠将军纪念馆纪念碑

常德会战阵亡将士纪念公墓牌坊

常德会战阵亡将士纪念公墓纪念碑

常德会战阵亡将士纪念公墓

★ 位于湖南省常德市青年路

常德会战阵亡将士纪念公墓，是为了纪念在常德会战中牺牲的国民革命军陆军第74军57师将士修建的抗战烈士陵园。1943年11月16日，日军分三路进攻常德城，当时驻守常德的57师在余程万师长的带领下，誓死守卫常德。经过20多天的激战，57师5000多官兵壮烈牺牲。为纪念为国捐躯的将士，1944年，常德会战结束后，国军第74军军长王耀武决定在常德建造“烈士公墓”，1945年抗日战争胜利后修建完成。公墓占地面积13亩，主体建筑有士兵和士官公墓、将校墓、纪念堂、纪念塔、纪念亭、纪念牌坊等。公墓正门上方是王耀武所题“常德会战阵亡将士纪念坊”的横匾。公墓落成当天，常德各界人士及74军代表举行了隆重集会。常德会战阵亡将士纪念公墓于1996年被湖南省人民政府公布为湖南省文物保护单位；2009年被国家国防教育办公室公布为国家国防教育示范基地。

厂窖惨案遇难同胞纪念碑和纪念馆

★ 位于湖南省益阳市南县厂窖镇

厂窖惨案纪念馆全景

南县厂窖镇位于洞庭湖西北滨，三面临水，为兵家必争之地。1943年5月9日至12日，侵华日军出动3000余人，汽艇数十艘，飞机数十架，从水、陆、空合围南县厂窖垸。三天时间里，实行了惨无人道的“三光”政策，屠杀无辜同胞3万余人，烧毁房屋3000多间，船只2500余艘，强奸妇女2000多人，抢劫粮食、牲畜、衣物等不计其数。这是日军在中国制造的仅次于南京大屠杀的第二大惨案——厂窖惨案。为教育和警示后人，从1984年起，南县先后建起了厂窖惨案遇难同胞纪念碑、纪念馆、警钟亭、洗血轩文化长廊、厂窖惨案群体雕塑、血水河、纪念广场等设施，占地面积4.5万平方米，建筑面积1610平方米。2008年，兴建纪念馆新馆，2010年8月建成开馆。纪念馆新馆设有两个展厅，布展分日军侵华、血腥屠杀、奋起反抗、铁证如山、警钟长鸣、珍爱和平六部分，展出图片史料、实物600余件。厂窖惨案遇难同胞纪念碑和纪念馆于1995年被湖南省委宣传部公布为湖南省爱国主义教育基地；1996年被湖南省人民政府公布为湖南省重点文物保护单位；2005年被湖南省人民政府公布为湖南省国防教育基地。

厂窖惨案纪念碑

厂窖惨案遗址

衡阳抗战纪念堂正门

衡阳保卫战群雕

衡阳抗战纪念城

★ 位于湖南省衡阳市岳屏公园

衡阳抗战纪念城是为纪念1944年在“衡阳保卫战”中牺牲的英烈而建。1944年6月22日至8月8日，国民革命军第10军与日军在衡阳展开激战，战役持续了40多天，粉碎了日军一天攻陷衡阳的图谋。这是抗日战争时期作战时间最长、敌我双方伤亡官兵最多的城池争夺战，时称“东方的莫斯科保卫战”。为纪念衡阳保卫战牺牲的2万余名勇士，1946年12月，国民政府批准在衡阳建设全国唯一的抗战纪念城。1948年8月，在岳屏公园山顶建设衡阳抗战纪念城碑。2007年，衡阳市人民政府对纪念城进行了修建。纪念城主要有衡阳抗战纪念城碑、纪念堂、抗战牌坊、记功亭、忠勇亭、和平钟、抗日文化墙、衡阳保卫战铸铜群雕像等纪念设施。衡阳抗战纪念城于2002年被湖南省人民政府公布为湖南省文物保护单位。

衡阳抗战纪念堂内景

飞虎队纪念馆

★ 位于湖南省怀化市芷江侗族自治县芷江机场东

飞虎队纪念馆是全面反映陈纳德及所率领的飞虎队援华抗战的专题性纪念馆。第二次世界大战中，美国空军英雄陈纳德率领的空军飞虎队参加中国抗日战争，1941年9月至1942年4月，飞虎队参加40多次空战，击落日军飞机300多架。2005年5月，芷江县修建了飞虎队纪念馆，占地面积54亩。纪念馆外形是一座两架飞机型的环形建筑，主要由飞虎队纪念馆、中美空军作战指挥塔旧址和中美空军联队俱乐部旧址、陈纳德雕像广场、飞虎群雕、中美苏三国空军纪念碑等构成。纪念馆内设四个展览大厅，展出1380多件实物，再现美国飞虎队的英勇事迹和生活场景。空军作战指挥塔旧址建于1938年10月，现保存有二战时期芷江机场无线电指挥中心、发报中心、机要室、情报室、作战室、指挥室等。中美空军俱乐部旧址建于1944年4月，奠基石上刻有“中美空军联队俱乐部”的中英文字。飞虎队纪念馆于2009年被湖南省人民政府公布为湖南省爱国主义教育基地。

飞虎队纪念馆正门

飞虎队纪念馆中美空军指挥塔旧址

飞虎队纪念馆飞虎队群雕

衡阳抗战纪念堂正门

衡阳保卫战群雕

衡阳抗战纪念城

★ 位于湖南省衡阳市岳屏公园

衡阳抗战纪念城是为纪念1944年在“衡阳保卫战”中牺牲的英烈而建。1944年6月22日至8月8日，国民革命军第10军与日军在衡阳展开激战，战役持续了40多天，粉碎了日军一天攻陷衡阳的图谋。这是抗日战争时期作战时间最长、敌我双方伤亡官兵最多的城池争夺战，时称“东方的莫斯科保卫战”。为纪念衡阳保卫战牺牲的2万余名勇士，1946年12月，国民政府批准在衡阳建设全国唯一的抗战纪念城。1948年8月，在岳屏公园山顶建设衡阳抗战纪念城碑。2007年，衡阳市人民政府对纪念城进行了修建。纪念城主要有衡阳抗战纪念城碑、纪念堂、抗战牌坊、记功亭、忠勇亭、和平钟、抗日文化墙、衡阳保卫战铸铜群雕像等纪念设施。衡阳抗战纪念城于2002年被湖南省人民政府公布为湖南省文物保护单位。

衡阳抗战纪念堂内景

南岳忠烈祠

★ 位于湖南省衡阳市南岳区衡山香炉峰

南岳忠烈祠是世界反法西斯阵营建设最早、规模最大的抗日战争纪念地之一。为纪念抗战阵亡将士英灵，1938年11月25日至27日，国民政府召开南岳高级军事会议，决定在南岳修建忠烈祠和烈士公墓，安葬抗日阵亡将士的忠骸。1940年3月，长沙会议通过了《建设南岳忠烈祠及烈士公墓》议案，决定在香炉峰下的罗家湾建造祠墓。忠烈祠于1940年7月动工，1943年6月建成。南岳忠烈祠由祠宇和墓葬区两大部分组成，占地面积180亩。祠宇有牌坊、“七七”纪念碑、纪念堂、致敬碑、享堂、礼堂、广场等；墓葬区有国民革命军第74军、53军、14军、60师、140师、54师、19师7座集体墓和彭士量、郑作民、孙明瑾等12座国民革命军抗日将领墓。1948年8月，在南岳庙北门修建了大型胜利坊。南岳忠烈祠于1996年被国务院公布为全国重点文物保护单位；2009年被中央宣传部公布为全国爱国主义教育示范基地；2011年被全国红色旅游工作协调小组公布为全国红色旅游经典景区。

南岳忠烈祠全景

南岳忠烈祠牌坊

中国人民抗战胜利芷江受降纪念馆全景

中国人民抗战胜利芷江受降会场旧址

中国人民抗日战争胜利芷江受降旧址和纪念馆

★ 位于湖南省怀化市芷江侗族自治县芷江镇七里桥村

1945年8月，日本战败投降。8月21日至9月8日，何应钦在湖南芷江举行日本投降仪式。侵华日军今井武夫副总参谋长交出在华兵力部署图，接受投降命令。“芷江受降”宣告了侵华日军的彻底失败。为纪念这一重大历史史实，1947年2月，国民政府在日军受降地建立受降纪念坊。1985年，修复开放。1995年，扩建纪念抗战胜利展览馆。芷江受降旧址和纪念馆占地面积4万平方米，由受降旧址、受降纪念坊、中国人民抗日战争胜利受降纪念馆、芷江机场四部分组成。中国人民抗日战争胜利芷江受降旧址和纪念馆于2005年被中央宣传部公布为全国爱国主义教育示范基地；2006年被国务院公布为全国重点文物保护单位；2009年被国家国防教育办公室公布为国家国防教育示范基地；2011年被全国红色旅游工作协调小组公布为全国红色旅游经典景区。

中国人民抗战胜利芷江受降坊

飞虎队纪念馆

★ 位于湖南省怀化市芷江侗族自治县芷江机场东

飞虎队纪念馆正门

飞虎队纪念馆是全面反映陈纳德及所率领的飞虎队援华抗战的专题性纪念馆。第二次世界大战中，美国空军英雄陈纳德率领的空军飞虎队参加中国抗日战争，1941年9月至1942年4月，飞虎队参加40多次空战，击落日军飞机300多架。2005年5月，芷江县修建了飞虎队纪念馆，占地面积54亩。纪念馆外形是一座两架飞机型的环形建筑，主要由飞虎队纪念馆、中美空军作战指挥塔旧址和中美空军联队俱乐部旧址、陈纳德雕像广场、飞虎群雕、中美苏三国空军纪念碑等构成。纪念馆内设四个展览大厅，展出1380多件实物，再现美国飞虎队的英勇事迹和生活场景。空军作战指挥塔旧址建于1938年10月，现保存有二战时期芷江机场无线电指挥中心、发报中心、机要室、情报室、作战室、指挥室等。中美空军俱乐部旧址建于1944年4月，奠基石上刻有“中美空军联队俱乐部”的中英文字。飞虎队纪念馆于2009年被湖南省人民政府公布为湖南省爱国主义教育基地。

飞虎队纪念馆中美空军指挥塔旧址

飞虎队纪念馆飞虎队群雕

十九路军淞沪抗日阵亡将士陵园全景

十九路军淞沪抗日阵亡将士陵园纪念馆外景

十九路军淞沪抗日阵亡将士陵园

★ 位于广东省广州市天河区水荫路113号

1932年1月28日，日军进犯上海闸北。驻防的国民革命军第19路军在总指挥蒋光鼐、军长蔡廷锴率领下奋起抗击，与侵华日军苦战33天，毙伤日军1万多人。最终由于寡不敌众，19路军被迫退守。在“国联”的调停下，中日双方签订《淞沪停战协定》。淞沪抗战延缓了日本侵略中国的步伐，激发了全国军民卫国御敌的斗志。为纪念战役中阵亡的将士，1933年，由华侨捐资建设淞沪抗日阵亡将士墓园。1990年，更名为“十九路军淞沪抗日阵亡将士陵园”。陵园占地面积5.9万平方米，主要建筑有凯旋门、抗日亭、英名碑、记功碑、先烈纪念馆、淞沪抗日阵亡将士墓、淞沪抗日阵亡战士墓、先烈纪念碑以及浮雕墙、航空纪念碑等。十九路军淞沪抗日阵亡将士陵园于1989年被国务院公布为全国重点烈士纪念建筑物保护单位；1995年被民政部公布为全国爱国主义教育基地；2002年被广东省人民政府公布为广东省文物保护单位；2005年被国家旅游局公布为国家AAA级旅游景区。

十九路军淞沪抗日阵亡将士陵园纪念碑

东江纵队纪念馆

★ 位于广东省惠州市博罗县罗浮山景区

东江纵队司令部旧址全景

1940年10月，广东人民抗日游击队东江纵队的前身之一——广东人民抗日游击队第3大队，挺进东莞大岭山区，在大王岭村设立部队领导机关，创建了大岭山抗日根据地，开展敌后游击斗争，曾取得百花洞战斗的胜利，沉重打击了日、伪军。1945年5月，中共广东省临时委员会根据中央的指示，将中共广东省临时委员会、东江军政委员会以及东江纵队司令部、政治部、后勤机关等迁到博罗县罗浮山。为了纪念东江纵队，2001年9月，当地人民政府在东江纵队司令部旧址处筹建纪念馆，2003年12月2日落成并开馆。纪念馆建筑面积3300平方米，馆内由序幕厅、陈列厅、英烈厅、影视厅等组成。馆内收藏各类文物73件，陈列5000多位烈士的英名、10位英雄人物以及5个英雄集体的光辉事迹。东江纵队纪念馆于2005年被广东省委宣传部公布为广东省爱国主义教育基地；2009年被中共广东省委宣传部、广东省军区政治部公布为广东省国防教育基地；2010年被中共广东省委宣传部等公布为广东省红色旅游示范基地；2011年被广东省委党史研究室公布为广东省中共党史教育基地。

东江纵队纪念馆正门

东江纵队纪念馆内景

昆仑关战役旧址

★ 位于广西壮族自治区南宁市兴宁区昆仑镇

昆仑关是我国著名的关隘，举世闻名的古今战场。1939年11月15日，日军为切断中国与国际联络的桂越国际交通线，威胁中国抗战大后方，派出第5师团、台湾混成旅团在广东防城一带登陆。11月24日至28日，连陷南宁、四塘、五塘、八塘，12月4日昆仑关要隘被日军侵占。为粉碎日军长期占据我西南地区的阴谋，国民政府抽调国民革命军陆军第38集团军5军主攻昆仑关，战斗持续30天，日军第21旅团4000余人几乎被全部歼灭，旅团长中村正雄被击毙，我军伤亡1万多人。为了缅怀阵亡将士，国民政府在昆仑关上修建了陆军第5军昆仑关战役阵亡将士墓园等建筑。昆仑关战役旧址现保存有牌坊、陆军第5军昆仑关战役阵亡将士纪念塔、抗日将士公墓、抗战碑亭、草帽山战场工事遗址以及昆仑关战役指挥部、昆仑关战役日军第12旅团长中村正雄被击毙处和金龙山、仙女山、老毛岭、罗塘南、同兴堡、石家隘等遗迹。昆仑关战役旧址于1995年被广西壮族自治区公布为自治区爱国主义教育基地；2006年被国务院公布为全国重点文物保护单位；2009年被国家国防教育办公室公布为国家国防教育示范基地。

昆仑关抗战博物馆全景

昆仑关抗战旧址纪念塔

昆仑关抗战旧址牌坊

琼崖红军云龙改编旧址

★ 位于海南省海口市琼山区云龙镇云龙墟

琼崖红军云龙改编旧址正门

琼崖红军云龙改编旧址原为“六月婆”庙场址。1937年，卢沟桥事变后，中共琼崖特委为建立抗日民族统一战线，向国民党当局谈判，于1938年10月22日达成协议，其中议定琼崖工农红军改编为“广东民众抗日自卫团第14区独立队”，冯白驹任队长。12月5日，改编仪式在云龙镇北“六月婆”庙隆重举行，上万名群众和各界人士参加大会，宣告琼崖人民抗日队伍成立。这就是著名的“云龙改编”。独立队先后扩编为独立总队、独立纵队。从此，独立队在中共琼崖特委的领导下，开展敌后游击战争，成为琼崖抗日先锋和中流砥柱。琼崖工农红军改编旧址始建于1952年，后经多次改扩建，占地面积7150平方米，由红军战士铜像、纪念亭、纪念馆、陈列馆、荡寇亭和凯旋亭、壁廊等组成。朱德、陈毅、徐向前、聂荣臻、杨尚昆、彭真、薄一波等领导人先后题词。琼崖工农红军改编旧址于1994年被海南省人民政府公布为海南省文物保护单位；1997年被中央宣传部公布为全国爱国主义教育示范基地；2005年被全国红色旅游工作协调小组公布为全国红色旅游经典景区。

琼崖红军云龙改编旧址院内

琼崖红军云龙改编旧址陈列馆正门

中共代表团驻地旧址全景

中共代表团驻地旧址

八路军重庆办事处旧址

★ 位于重庆市渝中区

八路军重庆办事处，是宣传我党我军抗日主张、扩大抗日民族统一战线的重要阵地。旧址由红岩村52号、曾家岩50号周公馆、中山三路151号中共代表团驻地旧址、民生路240号《新华日报》营业部旧址组成。红岩村52号旧址，占地面积185亩，包括原办事处办公楼、礼堂、招待所、托儿所、党训班旧址、红岩公墓等。其中，办事处办公大楼共三层，房屋54间，是中共中央南方局、八路军办事处同志工作、生活的主要场所；1939年至1946年，周恩来、董必武、叶剑英、邓颖超、秦邦宪、何凯丰、王若飞、吴玉章、林伯渠等人均曾先后在此办公和住宿；1945年8月28日，毛泽东同志亲临重庆与国民党谈判，曾在这里居住。1955年，这里筹建成为重庆红岩革命纪念馆，董必武同志题写馆名。曾家岩50号周公馆旧址位于曾家岩顶端，1938年，周恩来以个人名义租下了这幢楼，作为中共中央南方局的主要办公地点，当时被称作“周公馆”。中山三路151号中共代表团驻地旧址是幢一楼一底的楼房，占地面积1513平方米，2004年3月移交红岩革命纪念馆。《新华日报》营业部旧址为三楼一底的楼房，占地587.52平方米，1974年划归红岩革命纪念馆。八路军重庆办事处旧址于1961年被国务院公布为全国重点文物保护单位；2011年被全国红色旅游工作协调小组公布为全国红色旅游经典景区。

重庆大轰炸惨案遗址

★ 位于重庆市渝中区瓷器街

抗日战争期间，为摧毁抗战陪都重庆，日本法西斯策划了以重庆为主要目标的战略轰炸行动。从1938年2月18日至1943年8月23日，对重庆进行了长达5年的惨无人道的战略轰炸。据不完全统计，日军共轰炸重庆218次，导致3.9万多人伤亡，3万多栋房屋被炸毁。特别是1941年6月5日晚，日军飞机空袭重庆，大批市民涌进磁器街隧道洞躲避。由于人员太多，相互拥挤，造成缺氧、窒息，共计死亡992人，重伤151人。重庆大轰炸惨案遗址分为磁器街、石灰市、十八梯三处洞口等。磁器街洞口掩体面宽7.9米，进深10.78米，占地面积59.29平方米。该隧道始建于1938年底，是抗日战争时期山城人民冒着日机轰炸的威胁抢修成的，供重庆市民躲避空袭所用。这段大隧道深入地底10米，平伸约2公里，隧道的高宽均约2米多，正常容量为4300多人。洞内设置有通风器和发电机，有电灯、油灯、石凳、木凳等。2000年3月修复，重塑石雕。重庆大轰炸遗址群是中国人民抗日战争和世界反法西斯战争重要见证，它记录了日本军国主义的残暴罪行，也见证了重庆市民团结一致、不屈不挠的抗争精神。重庆大轰炸遗址群于2000年被重庆市人民政府公布为重庆市文物保护单位。

重庆大轰炸惨案遗址

重庆大轰炸惨案遗址

库里申科烈士墓园正门

库里申科烈士墓碑

库里申科烈士墓园

★ 位于重庆市万州区西山公园

库里申科(1903—1939),乌克兰人，苏联空军少校。1939年，他和科兹洛夫受苏联政府派遣，率两个“达沙”远程轰炸机大队来到中国成都，援助中国的抗日战争。苏联空军志愿队不仅直接参加作战，而且担负着训练中国空军人员的重任。1939年8月中旬，库里申科率领大队轰炸日军在武汉的军事设施，完成任务后返回基地。10月14日下午，率领大队执行轰炸任务时，在武汉上空与日机相遇，击落6架日机后，库里申科驾驶的飞机左发动机被击坏，被迫返航。他用单发动机冲出重围，沿长江而上，到达四川万县上空时，机身失去平衡，难以控制。为了保护飞机，他不顾个人安危，驾机迫降在长江中。由于长时间驾机，劳累过度，他再也无力跳出机舱，为中国人民的抗日战争献出了年轻生命。为了纪念这位伟大的国际主义战士，1958年，在西山公园内修建了库里申科烈士墓园。墓园占地面积1600平方米，由影壁、花台、烈士铜像、墓碑和墓室等组成。库里申科烈士墓园于2000年被重庆市人民政府公布为重庆市文物保护单位；2009年被国务院公布为全国重点烈士纪念建筑物保护单位。

库里申科烈士墓园纪念广场

赵一曼纪念馆全景

赵一曼纪念馆正门

赵一曼纪念馆

★ 位于四川省宜宾市翠屏区翠屏山

赵一曼(1905—1936)，原名李坤泰，字淑宁，四川宜宾人，著名抗日民族女英雄。“九一八”事变后，她主动请缨赴东北参加抗日活动，历任中共满洲省委妇女委员、满洲省总工会组织部部长。曾参与领导哈尔滨电车工人大罢工。1935年秋，任东北人民革命军第3军1师2团政委；11月，在与日、伪军作战时不幸因腿部受伤被捕。面对严刑逼供，她始终坚贞不屈。1936年8月2日，在黑龙江省珠河县被公开杀害。为纪念抗日民族英雄赵一曼烈士，1960年，宜宾市人民政府在翠屏山上的原翠屏书院修建赵一曼纪念馆。纪念馆占地面积5500平方米，建筑面积1650平方米，共设三个展厅和一个宜宾地方党史陈列室，馆藏与赵一曼相关的文物、资料663件。赵一曼纪念馆于1997年被中央宣传部公布为全国爱国主义教育示范基地；2004年被四川省人民政府公布为四川省重点文物保护单位；2005年被全国红色旅游工作协调小组公布为全国红色旅游经典景区；2009年被国家国防教育办公室公布为国家国防教育示范基地。

赵一曼纪念馆内景

二十四道拐抗战公路

★ 位于贵州省黔西南州晴隆县晴隆山

二十四道拐抗战公路又称史迪威公路，始建于1935年，1936年竣工。这里是黔滇公路的必经之路。二十四道拐抗战公路由24个弧形拐弯构成，全长4公里，蜿蜒于高达1799米的晴隆山西南坡。二十四道拐抗战公路处于渝（重庆）昆（昆明）曼（曼德拉）的咽喉地带，抗日战争全面爆发后，承担着运送援华物资和数万名中国远征军赴滇缅作战的国际大通道任务，战略地位日益突出。太平洋战争爆发后，援华美军中国战区总参谋长约瑟夫·史迪威受命来到中国，援华抗日。1944年，美国的工程部队1880工兵营第2连进驻晴隆沙子岭参与维护滇黔公路。期间，援华工兵与中国民众对“二十四道拐”公路进行多处维修改造，保证了运输畅通。1945年，蒋介石在重庆发表《中印公路接通的意义》的广播讲话，将中印公路提名为“史迪威公路”。二十四道拐抗战公路是中美两国人民共同抗击日本侵略者的真实写照，是中国抗日战争大后方唯一的陆路交通运输线和运送国际援华物资的大动脉，被誉为“中国抗战的生命线”。二十四道拐抗战公路于2006年被国务院公布为全国重点文物保护单位；2010年被贵州省委、省人民政府公布为贵州省爱国主义教育基地。

二十四道拐抗战公路遗址全景

腾冲国殇墓园正门

滇西抗战纪念馆

腾冲滇西抗战纪念馆（腾冲国殇墓园）

★ 位于云南省保山市腾冲县

1942年5月，日军侵犯滇西边境，滇缅公路被彻底截断。1944年5月，为了收复滇西失土，打通西南国际运输大动脉，中国远征军对滇西发起反攻。远征军第20集团军以6个师的兵力，强渡怒江，仰攻高黎贡山，血战南、北斋公房，9月14日围攻腾冲城，与日军展开激战，歼灭6000余名日军，收复了腾冲城。此役，中国远征军官兵阵亡9168名，盟军官兵阵亡19名。为纪念阵亡将士及死难民众，1944年，动工兴建国殇墓园，1945年7月7日竣工落成。墓园占地面积80亩，主体建筑有烈士冢、远征军第20集团军攻克腾冲阵亡将士烈士塔、忠烈祠等。2004年，在忠烈祠旁增设盟军墓地。2013年8月，在国殇墓园东侧改建滇西抗战纪念馆，馆藏抗战文物8万余件。腾冲国殇墓园于1996年被国务院公布为全国重点文物保护单位；2005年被中央宣传部公布为全国爱国主义教育示范基地；2009年被国家国防教育办公室公布为国家国防教育示范基地；2011年被全国红色旅游工作协调小组公布为全国红色旅游经典景区。

腾冲国殇墓园忠烈祠

龙陵抗战纪念馆

★ 位于云南省保山市龙陵县龙山路

龙陵抗战纪念馆全景

云南龙陵地处滇缅公路咽喉，抗日战争时期成为中日双方交战的核心地区。1942年5月，侵华日军在龙陵松山构筑工事，吹嘘松山是东方的“马其诺防线”。为铲除日军设在滇缅公路上的障碍，使中国军队及作战物资能顺畅地运往前线，1944年6月4日至9月7日，中国远征军第71军新28师、第8军奉命攻击松山日军，先后共计投入了8个步兵营兵力。松山战役历时3个月零3天，大小战役上百次，共歼灭日军3000多人，中国远征军伤亡达7600多人。松山战役加速了中缅对日作战的胜利。为纪念龙陵抗战，2004年建设龙陵抗战纪念馆，占地面积7.8亩，由纪念坛、出征泉、日军碉堡、大型浮雕景墙、怀思池、升旗台、长鸣钟、抗战纪念馆等组成。龙陵抗战纪念馆展出分为“万众一心共筑血战”、“日军入侵断我后路”、“不甘奴役奋起抗争”、“调集大军组织反扑”等8个部分。龙陵抗战纪念馆于2006年被国务院公布为全国重点文物保护单位；2009年被云南省委、省人民政府公布为云南省爱国主义教育基地。

龙陵抗战纪念馆雕塑

龙陵抗战纪念馆战役遗址

西安事变纪念馆正门

西安事变纪念馆内景

西安事变纪念馆

★ 位于陕西省西安市建国路69号

1936年12月12日，爱国将领张学良、杨虎城为促成国共合作、团结抗日，在西安逮捕了蒋介石，爆发了震惊中外的西安事变。事变发生后，中国共产党主张和平解决。12月17日，周恩来受邀率中共代表团赴西安谈判，促成停止内战、一致抗日的主张，开始了中华民族伟大的抗日战争，被载入了中国革命的辉煌史册。西安事变纪念馆是在“西安事变”重要旧址张学良公馆、杨虎城止园别墅基础上建立的遗址型博物馆。纪念馆占地面积7703平方米，主要有张学良公馆、杨虎城止园别墅、新城西安事变指挥部、新城黄楼、高桂滋公馆、兵谏亭等。馆内展览西安事变史实、张学良将军生平、张学良旧居复原等内容。1986年12月，纪念馆开放。杨虎城止园别墅占地面积2331平方米，陈列杨虎城将军生平，复原杨虎城旧居。西安事变纪念馆于1982年被国务院公布为全国重点文物保护单位；1997年被中央宣传部公布为全国爱国主义教育示范基地；2005年被全国红色旅游工作协调小组公布为全国红色旅游经典景区；2012年被国家国防教育办公室公布为国家国防教育示范基地。

延安革命纪念馆

★ 位于陕西省延安市宝塔区桥沟镇王家坪村

延安是中国革命圣地。1937年至1947年，是中共中央所在地和陕甘宁边区的首府，是中国革命的指导中心和总后方。毛泽东等领导人都曾在延安生活战斗过，领导中国人民取得了抗日战争的伟大胜利，形成了伟大的毛泽东思想，培育了光照千秋的延安精神。延安革命纪念馆始建于1950年1月，1954年迁往杨家岭原中共中央机关旧址，定名为“延安博物馆”。1955年，迁至凤凰山麓革命旧址院内，改名为“延安革命纪念馆”。1973年6月，迁往王家坪现址。2006年10月，延安革命纪念馆原主体建筑拆除重建。2009年8月，延安革命纪念馆新馆落成并对外开放。新馆中陈列有以“抗日战争的政治指导中心”为主题的展览，纪念馆中有馆藏文物3.5万多件、历史照片1万余张、图书1.3万余册。纪念馆广场正中耸立毛泽东青铜像。延安革命纪念馆于1961年被国务院公布为全国重点文物保护单位；1997年被中央宣传部公布为全国爱国主义教育示范基地；2002年被国家旅游局公布为国家AAAA级旅游景区；2005年被全国红色旅游工作协调小组公布为全国红色旅游经典景区；2009年被国家国防教育办公室公布为国家国防教育示范基地。

延安革命纪念馆全景

延安革命纪念馆内景

瓦窑堡会议旧址外景

瓦窑堡会议会场旧址

瓦窑堡革命旧址

★ 位于陕西省延安市子长县

1935年11月7日至1936年6月21日，中共中央在子长县驻扎。1935年12月17日，中共中央在瓦窑堡召开政治局扩大会议，史称“瓦窑堡会议”。会议讨论了党的策略路线和军事战略问题，通过了《关于目前政治形势与党的任务的决议》和《中央关于军事战略问题决议》，确定了党的抗日民族统一战线的策略方针。瓦窑堡会议为实现由土地革命到抗日战争的伟大战略转折奠定了坚实基础。瓦窑堡革命旧址包括瓦窑堡会议旧址、中国人民抗日红军大学旧址、毛泽东瓦窑堡中山街旧居、张闻天旧居、周恩来旧居等。瓦窑堡会议旧址位于中山街南侧下河滩田家院，院内共有5孔砖窑，第3孔为会议旧址。中国人民抗日军政大学成立于瓦窑堡，后迁至延安宝塔区延安城二道街。毛泽东瓦窑堡中山街旧居，占地面积1200平方米，有两排砖窑，一进两院。张闻天旧居位于瓦窑堡镇二道街田家院。周恩来旧居位于瓦窑堡镇前河滩。瓦窑堡革命旧址于1988年被国务院公布为全国重点文物保护单位；1997年被中央宣传部公布为全国爱国主义教育基地；2005年被全国红色旅游工作协调小组公布为全国红色旅游经典景区。

洛川会议纪念馆

★ 位于陕西省延安市洛川县永乡冯家村

洛川会议纪念馆正门

洛川位于延安与关中的中间地带。1937年8月22日至25日，中共中央政治局扩大会议在陕北洛川召开，会议通过了《关于目前形势与党的任务的决定》，制定了著名的“抗日救国十大纲领”，史称洛川会议。洛川会议正确指导了党和军队实现由国内战争到民族战争、由正规战到游击战的战略转变，为争取抗日战争胜利奠定坚实的思想政治基础。1961年，萧劲光、萧克等同志确认了洛川会议旧址。1966年，成立了“洛川会议旧址管理筹备处”，并对外开放。1980年，更名为“洛川会议纪念馆”。纪念馆占地面积1.98万平方米，共有24孔窑洞、16间瓦房，修复开放了会议室、毛泽东旧居、徐向前旧居、警卫排、总务处、机要室等旧址，收藏文物880多件。洛川会议纪念馆于2001年被中央宣传部公布为全国爱国主义教育示范基地；2001年被国务院公布为全国重点文物保护单位；2005年被全国红色旅游工作协调小组公布为全国红色旅游经典景区。

洛川会议纪念馆陈列室

洛川会议旧址

第二批

国家级抗战纪念设施、遗址

赵登禹将军墓

★ 位于北京市丰台区西道口甲1号

赵登禹，字舜臣。男，1898年出生，山东菏泽人。1914年加入冯玉祥部，由士兵晋升为排长、连长、营长、副团长、旅长、师长等职。1926年参加北伐。“九一八”事变后，主张抗日。1933年任第29军37师109旅旅长，后任第132师师长。1933年第29军长城抗战时，奉命率部增援喜峰口、潘家口，与敌激战，取得胜利，打击了敌军的嚣张气焰，有力鼓舞了抗日军民的士气。抗日战争全面爆发后，7月下旬，日军在飞机和坦克的掩护下，分别向北平、天津以及邻近各战略要地大举进攻。担任132师师长的赵登禹，率部守卫北京城外的南苑。日军出动40余架飞机轮番轰炸阵地，并有3000人的机械化部队从地面发动猛烈攻击。132师将士在赵登禹的率领下，不畏强敌，奋勇抵抗。日军将中国军队切成数段，分割包围。部队孤军作战，在敌人炮火和飞机的狂轰滥炸下，损失惨重。赵登禹率部誓死坚守阵地，拼死抗击。7月28日，在奉命向北平撤退途中，遭日军伏击，他指挥部队与日军激战，胸部中弹牺牲。后被追赠为陆军上将。1952年，被北京市人民政府追认为革命烈士。2009年，被评为“100位为新中国成立作出突出贡献的英雄模范人物”。赵登禹将军墓始建于“文化大革命”前，1980年重建，现占地面积约350平方米。赵登禹将军墓于1987年6月被北京市人民政府公布为北京市重点烈士纪念建筑物保护单位。

北京市丰台区文物保护单位石碑

赵登禹将军之墓

北京市重点烈士纪念建筑物保护单位石碑

佟麟阁将军之墓

佟麟阁将军墓

★ 位于北京市海淀区香山北正黄旗18号

佟麟阁，原名凌阁，字捷三。男，1892年出生，河北高阳人。早年参加护国讨袁战争。曾任冯玉祥部陆军第11师第21混成旅旅长。1926年9月，五原誓师后，随部参加北伐。1928年后，历任国民革命军第2集团军第35军军长、暂编第11师师长等职。1933年率部参加长城抗战，取得喜峰口大捷；同年5月，参加察哈尔抗日同盟军，任第1军军长兼代理察哈尔省主席，跟随冯玉祥打击日军，收复失地，为察哈尔省光复作出了贡献。1936年，任国民革命军第29军副军长，驻守平津一带。抗日战争全面爆发后，他率部奋勇抗击日本侵略军。1937年7月28日，在北平城外南苑的第29军司令部遭受40余架敌机的轮番轰炸，并有3000人的机械化部队从地面发动猛烈攻击。他与132师师长赵登禹誓死坚守阵地，指挥29军拼死抗击，后奉命向大红门转移，途中再遭日军包围。在组织部队突击时，被机枪射中腿部。部下劝其撤退，他执意不肯，说“个人安危事小，抗敌事大”，仍率部激战。他头部再受重伤，因流血过多牺牲。后被追晋为陆军上将。1979年，被北京市人民政府追认为革命烈士。2009年，被评为“100位为新中国成立作出突出贡献的英雄模范人物”。1946年7月28日，北平各界将佟麟阁将军的遗骸移葬在现墓址，并举行了公祭仪式。佟麟阁将军墓是一座半圆形水泥宝顶墓，占地面积80平方米。墓前，立汉白玉石墓碑一座。碑身正面镌刻着“抗日烈士佟麟阁将军之墓”，碑前有一石质祭台。佟麟阁将军墓于1987年3月被北京市人民政府公布为北京市重点烈士纪念建筑物保护单位。

平西抗日战争纪念馆

★ 位于北京市房山区十渡镇十渡村

平西抗日战争纪念馆正门

平西，由北平（旧称北京为北平）西而得名。平西包括房山、宛平、良乡、涿县、涞水、昌平、怀来、涿鹿、蔚县、宣化、阳原、怀安十二县400多平方公里的面积。抗日战争时期，中共中央北方局和八路军总部在这里开辟了平西抗日根据地。在这块土地上，记录着萧克等一大批老将军的丰功伟绩和当年30万平西人民的抗日斗争精神；在这块土地上，曾有几万名革命先烈壮烈牺牲，为国捐躯，谱写了悲壮的可歌可泣的动人事迹。1985年，在十渡拒马河畔的龙山上，建立了“平西抗日烈士纪念碑”，萧克将军题写了“抗日战争在平西牺牲的烈士永垂不朽”的碑名；1999年，在十渡镇平峪村修建了无名烈士纪念地，安放了700名平西无名烈士遗骨；2005年8月，平西抗日战争纪念馆正式落成，主要有烈士纪念碑、无名烈士纪念地、烈士碑林等烈士纪念设施，占地面积5万多平方米，建筑面积4350平方米，展览面积2500平方米。平西抗日战争纪念馆于1995年1月被民政部公布为爱国主义教育基地；1996年3月被民政部公布为全国重点烈士纪念建筑物保护单位；1999年被北京市人民政府公布为北京市爱国主义教育基地；2000年10月被北京市国防教育办公室公布为北京市国防教育基地；2009年9月被国家国防教育办公室公布为国家国防教育示范基地。

平西抗日烈士纪念碑

平西抗日战争纪念馆内

北京焦庄户地道战遗址纪念馆正门

北京焦庄户地道战遗址纪念馆内

北京焦庄户地道战遗址纪念馆

★ 位于北京市顺义区龙湾屯镇焦庄户村

焦庄户村位于北京市顺义区龙湾屯镇燕山余脉歪坨山下，是通过平西、平北根据地的必经之路。焦庄户人民创造了战时闻名的“地道战”，并在对敌斗争的实践中逐步完善，形成了户户相连、村村相通、四通八达、上下呼应、能打能防、可守可攻，长达23华里的战斗型地道系统网。抗日战争时期，当地村民利用地道优势配合地方武装展开对敌斗争，给敌人以重创。为缅怀革命先烈的英雄业绩，开展革命传统教育，1964年当地政府兴建了焦庄户民兵斗争史陈列室。1979年，北京市政府将其确定为市级重点文物保护单位，并改名为“北京焦庄户地道战遗址纪念馆”。现供游客参观的地道长830米，包括休息室、指挥所、单人掩体、陷阱、碾盘和庙台暗堡等战斗设施，以及水缸、炕洞、墙柜、锅台、猪圈、柴棚、驴槽等隐蔽出入口和瞭望楼。北京焦庄户地道战遗址纪念馆于2001年被中共中央宣传部公布为全国爱国主义教育示范基地；2004年被全国红色旅游工作协调小组公布为全国红色旅游经典景区；2009年9月被国家国防教育办公室公布为国家国防教育示范基地；2010年被国家住建部和国家文物局命名为中国历史文化名村。北京焦庄户地道战遗址2013年被国务院公布为全国重点文物保护单位。

古北口战役阵亡将士公墓

★ 位于北京市密云县古北口镇古北口村

1933年3月10日，日军向古北口进犯，企图占领这一战略关口，把侵略的矛头指向中国华北广大地区，长城抗战古北口战役开始。在古北口作战的中国军队有东北军第67军112师，中央军第17军2师、25师、83师。日军投入的部队有第8师团、骑兵第3旅团、第6师团主力、第33混成旅团（内有满蒙伪军和满韩联合军6000人）、第16师团一部，第5师团第11联队及空军、炮兵、坦克部队各一部。战役持续至5月15日，历时两个多月，毙伤日军约5000余人，中国守军伤亡8000余人。战争结束后，当地群众从四野山谷，收敛尸骨360多具，埋在古北口南关的西山根。1934年春，国民政府军事委员会北平分会在现址修建了古北口战役阵亡将士公墓，俗称“肉丘坟”，占地610平方米，安葬长城抗战古北口战役阵亡将士360名。1997年7月，在公墓北侧修建古北口战役纪念碑、亭、广场。全国政协副主席何鲁丽为纪念碑题词“长城抗战古北口战役纪念碑”。2006年在公墓南侧修建长城抗战纪念馆，占地1060平方米，建筑面积330平方米，馆内主要介绍古北口长城抗战事迹，展出文物120件。古北口战役阵亡将士公墓于1995年10月被北京市人民政府公布为北京市重点文物保护单位；1996年5月被北京市人民政府公布为北京市爱国主义教育基地。

古北口战役阵亡将士公墓

长城抗战古北口战役纪念碑亭

古北口长城抗战纪念馆

梅花惨案纪念馆

梅花惨案纪念馆内

梅花惨案纪念馆

★ 位于河北省石家庄市藁城区梅花镇梅花村

1937年10月11日，原国民党53军691团在团长吕正操的率领下，高举抗日救国旗帜，在梅花村英勇阻击日军，毙伤日军800多名。10月12日夜（农历九月初九），日本侵略军占领梅花村，展开血腥大屠杀，共杀害我同胞1547人，占当时全村人口的60%，杀绝46户，烧毁房屋600多间。妇女、儿童也未能幸免，村民尸体布满了大街小巷，残尸断肢随地可见，鲜血流遍了整个村镇。日军四天三夜的烧杀奸淫，使这里变成了处处残垣断壁、家家戴孝埋人的人间地狱。这就是骇人听闻的“九九梅花惨案”。为纪念遇难同胞，梅花镇人民于1946年修建了“殉国烈士亭”，1968年、1986年两次重建，现保存四处较大的惨案遗址——辘轳把水坑、碱水坑、血井、三十六口坟。梅花惨案遗址是日本侵略者屠杀中国人民罪行的历史见证。1958年，当地政府在此建立梅花惨案纪念馆，抗日名将吕正操题写馆名。1996年8月，因特大洪水全部倒塌，1998年2月重建。新馆由北院、南院和村西辘轳把水坑遗址三部分组成，占地面积27.9亩，建筑面积736平方米。梅花惨案遗址于1982年被河北省人民政府公布为河北省重点文物保护单位；1995年5月被河北省委、省政府公布为河北省爱国主义教育基地。

三十六口坟

冀东烈士陵园

★ 位于河北省唐山市路南区陵园路2号

冀东，又称京东，北据长城，南临渤海，东扼辽沈，西屏京津，是华北连接东北的要道，战略地位极其重要。抗日战争时期，冀热辽根据地是全国最大的19块根据地之一。为纪念牺牲在这片热土上的共产党人和爱国志士，1955年建立冀东烈士陵园，1976年大地震时所有建筑被夷为平地，1986年复建。聂荣臻元帅为冀东烈士陵园题写园名。陵园占地面积7.5万平方米，系中轴对称布局。在中轴线上由南向北依次为大门、纪念塔、纪念馆、烈士墓区。烈士纪念塔高34.5米，塔身四面镌刻着老一辈无产阶级革命家朱德、林伯渠、彭德怀、萧克的题词。冀东烈士纪念馆馆名由萧克将军亲笔题写。纪念馆建筑面积2149平方米，由序厅、陈列馆、影视厅组成。烈士墓区总面积为4749平方米，共有166座烈士墓，安葬着177名烈士。其中，在抗日战争时期牺牲的烈士有150名；著名英烈有打响冀东抗日游击战争第一枪的王平陆、威震敌胆的冀东军分区副司令员包森、伟大的国际主义战士周文彬、刀劈鬼子兵的抗日民族先锋节振国、毁家纾难的魏春波烈士及他的一家等。冀东烈士陵园于1989年8月被民政部公布为全国重点烈士纪念建筑物保护单位；2012年9月被河北省委、省政府公布为河北省中共党史教育基地。

冀东烈士陵园正门

冀东烈士陵园纪念塔

冀东烈士陵园展览一角

潘家戴庄惨案纪念馆

潘家戴庄惨案纪念馆正门

潘家戴庄惨案纪念馆院区

潘家戴庄惨案遇难者名录

潘家戴庄惨案纪念馆内

★ 位于河北省唐山市滦南县程庄镇潘家戴庄村

1942年12月4日，驻防唐山张各庄的日军骑兵得知八路军第一区队在滦县程庄一带活动的消息，立即纠集日、伪军连夜奔袭。在潘家戴庄村北，遭到抗日部队伏击，日军落荒而逃。次日，日军第27师团少将团长铃木启久下达了“彻底肃正该村庄”的命令，所属第一联队骑兵队，在队长铃木信的指挥下，以枪杀棒打、锹铲镐砸、活埋火烧等极其残忍的手段，血洗了潘家戴庄，屠杀村民1280人，烧毁民房1030间，村内财物被抢劫一空，制造了骇人听闻的潘家戴庄惨案。1952年，唐山地区专员公署在潘家戴庄村西南建“抗日战争潘家戴庄殉难同胞纪念塔”；1967年，滦南县增建纪念馆，馆内陈列惨案遗物；1971年，滦南县革命委员会将纪念塔迁至“千人坑”惨案遗址处，更名为“抗日战争潘家戴庄殉难烈士纪念碑”。1976年，毁于唐山大地震。1991年7月7日，滦南县人民政府重修惨案遗址纪念碑。1997年11月，由省市县共同投资兴建潘家戴庄惨案纪念馆，2000年12月对外开放。纪念馆占地面积7300平方米，建筑面积2256平方米，由南到北，依次为纪事碑、悼念广场、纪念卧碑、冤魂墙、下沉广场、陈列主馆。纪念馆主馆陈列面积1260平方米，分地下“千人坑”原状陈列和辅助陈列两部分。潘家戴庄惨案遗址于1993年被河北省人民政府公布为河北省重点文物保护单位；1995年被河北省委、省政府公布为河北省爱国主义教育基地；2005年被中共中央宣传部公布为全国爱国主义教育示范基地。

喜峰口长城抗战遗址

★ 位于河北省唐山市迁西县滦阳镇石梯子村

喜峰口长城抗战纪念碑

1933年，长城抗战爆发，中国军队依托古北口以东长城各关口与武器精良的日军展开血战。国民革命军第29军宋哲元部在迁西县喜峰口一带与日军进行了激烈的争夺战。他们组织大刀队夜袭日军，用大刀与敌人肉搏，战斗持续三天时间，共毙伤敌军1500多名。喜峰口战役提高了广大爱国将士的抗战热情，展现了顽强的抵御能力，鼓舞了全国人民的抗战信心。国内外报刊、电台竞相介绍报道，全国军民欢欣鼓舞。由麦新创作的著名抗战歌曲《大刀进行曲》唱遍神州大地。2003年5月投入建设，依托喜峰口长城抗战旧址，建立了喜峰雄关大刀园，2005年8月完成喜峰口长城抗战纪念碑、主题雕塑、钢铁长城、大刀礼赞、长城抗战文化展示厅、喜峰口长城抗战旧址等景点的建设维护。喜峰口长城抗战遗址占地面积2300亩，建筑面积38亩，陈展面积300平方米。喜峰口长城抗战遗址于2001年2月被河北省人民政府公布为河北省重点文物保护单位；2009年8月被河北省委、省政府公布为河北省爱国主义教育基地、国防教育基地。

主题雕塑

喜峰口长城抗战遗址

涉县八路军一二九师纪念馆

★ 位于河北省邯郸市涉县河南店镇赤岸村

抗日战争时期，八路军一二九师在师长刘伯承、政委邓小平的率领下，临危受命，东渡黄河，挺进太行，运筹涉县赤岸村，浴血千里太行山，谱写了“九千将士进涉县，三十万大军出太行”的壮丽篇章，缔造了赫赫有名的“刘邓大军”。同时，以此为中心创建了晋冀鲁豫抗日根据地，先后有一二九师司令部、晋冀鲁豫边区政府（中央人民政府前身）、太行区党委、晋冀鲁豫中央局、冀南银行总行（中国人民银行前身）、陕北新华广播电台（中央人民广播电台前身）等110多个党、政、军、财、文等重要机关单位在涉县长期驻扎达10年之久。八路军一二九师纪念馆占地5.6平方公里，由一二九师司令部旧址、将军岭、陈列馆、赤水湾及太行颂文化园等红色产业园区组成，是国内唯一一处全面、翔实记录八路军一二九师历史的纪念馆。一二九师司令部旧址由下院、上院、后院、司令部伙房、识字班等九个具有冀西南民居风格的四合院组成，占地3949平方米。陈列馆总占地面积13340平方米，展馆建筑面积2252平方米。馆内藏品共计1883件，其中一级文物3件，二级文物8件，三级文物14件，一般文物262件。八路军一二九师司令部旧址于1996年11月被国务院公布为全国重点文物保护单位；八路军一二九师纪念馆1997年6月被中共中央宣部公布为全国爱国主义教育示范基地；2005年3月被全国红色旅游工作协调小组公布为全国红色旅游经典景区；2009年9月被国家国防教育办公室公布为国家国防教育示范基地；2012年11月被住房和城乡建设部、国家旅游局评为国家级风景名胜区。

一二九师司令部旧址正门

司令部旧址院内

一二九师陈列馆

刘伯承、邓小平等一二九师领导群雕

晋冀鲁豫抗日殉国烈士公墓旧址

★ 位于河北省邯郸市涉县辽城乡石门村

左权将军纪念塔

1942年5月，日军三万余人对太行山抗日根据地发动大规模“扫荡”，八路军副总参谋长左权将军等在作战中不幸牺牲。为纪念牺牲的烈士，中共中央在延安隆重举行追悼阵亡将士大会。中共中央北方局、十八集团军野战政治部决定：在太行山修建烈士公墓，举行公葬典礼。同年10月10日，晋冀鲁豫抗日殉国烈士公墓在涉县石门村莲花山落成，举行左权将军诸烈士公葬典礼。中共中央北方局、十八集团军野战政治部、一二九师、晋冀鲁豫边区政府、朝鲜义勇军及太行各界代表共5000多人在此为左权将军举行葬礼。该公墓还安葬《新华日报》社社长何云，冀南银行第一任行长高捷成、第二任行长赖勤，中共北方局政权工作部秘书张衡宇及朝鲜义勇军领导人石正（石鼎）、陈光华等8位烈士，因左权将军功绩卓著，影响深远，故又称左权将军墓。左权将军墓坐北朝南，墓前26米处为左权将军纪念塔，塔上刻有朱德、彭德怀、刘伯承、杨秀峰、薄一波、戎伍胜等题写的碑文。1950年10月，左权及其他8位烈士的遗骸移葬至邯郸市晋冀鲁豫烈士陵园，但公墓至今保存完好，继续成为后人缅怀革命先烈的圣地。1982年7月被河北省人民政府公布为河北省重点文物保护单位;2013年10月被河北省委、省政府公布为河北省爱国主义教育基地。

左权将军之墓

《新华日报》社社长何云之墓

晋察冀边区革命纪念馆

晋察冀军区司令部旧址

晋察冀边区革命纪念馆

★ 位于河北省保定市阜平县城南庄镇城南庄村

1937年10月，晋察冀军区成立，聂荣臻任司令员兼政委；11月军区从山西省五台县迁到河北省阜平县；1938年1月10日，聂荣臻在阜平领导成立了晋察冀边区政府，创建了华北第一块敌后抗日根据地——晋察冀根据地。从1937年到1945年，边区政府扩大到包括北岳、冀中、冀热辽等地区40万平方公里、108个县、2500万人，对敌作战3.2万次，毙伤日伪军35万余人。1972年，阜平县委、县政府建立城南庄革命纪念馆。2005年，在此基础上建成了晋察冀边区革命纪念馆。展览馆建筑面积2200平方米，广场占地6300平方米。展厅面积1700平方米，展出文物621件，照片222张，图表31块，紧紧围绕“模范抗日根据地——晋察冀边区”的主题进行布展，运用大量珍贵的照片、文物以及先进的声、光、电、幻影成像等技术，生动展示了晋察冀根据地的光辉历史和晋察冀军民的丰功伟绩。晋察冀边区革命纪念馆于1994年被河北省委、省政府公布为河北省爱国主义教育基地；晋察冀边区政府及军区司令部旧址1996年11月被国务院公布为全国重点文物保护单位；2005年11月被中共中央宣传部公布为全国爱国主义教育示范基地；2005年被全国红色旅游工作协调小组公布为国家红色旅游经典景区；2008年被国家旅游局公布为国家AAAA级旅游景区。

景区雕塑

晋察冀烈士陵园

★ 位于河北省保定市唐县军城镇南关村

晋察冀烈士陵园正门

中国共产党中央委员会悼念白求恩碑文

晋察冀烈士陵园展厅

晋察冀边区是抗日战争时期中国共产党领导的敌后抗日根据地之一。在抗战期间，边区军民和日伪军作战32000余次，毙伤日、伪军30余万人，对抗日战争作出了重大贡献。晋察冀烈士陵园原为晋察冀边区抗战烈士公墓，是中国共产党建设较早的陵园之一，始建于1940年2月。1940年5月1日，白求恩墓首先落成，墓前石碑刻有毛泽东、朱德、聂荣臻、叶剑英、吕正操、萧克、舒同的题词。陵园修建时战火纷飞，物资缺乏，敌人骚扰，边区军民克服了难以想象的困难，用了一年多时间才建成。1941年，两次遭到敌人的严重破坏，纪念塔等主要建筑被炸毁。1942年，边区军民利用作战间隙进行修复。新中国建国后，党和政府又拨专款多次组织修缮和扩建。陵园总占地面积67亩，坐西朝东。园内长眠着伟大的国际主义战士白求恩、柯棣华、国际友人琼·尤恩女士和36名抗日烈士；保存着晋察冀边区抗战烈士公墓和晋察冀边区抗战烈士纪念塔遗址。白求恩、柯棣华的亲属和加拿大、印度、美国、朝鲜、日本等国友人常来这里凭吊和参观游览。1986年4月，中共中央总书记胡耀邦前来陵园观瞻并植树纪念。晋察冀烈士陵园于2009年3月被民政部公布为全国重点烈士纪念建筑物保护单位。

黄土岭围歼战的战场

黄土岭作战纪念碑亭

雁宿崖、黄土岭战斗遗址

★ 位于河北省保定市涞源县银坊镇黄土岭村

1939年11月3日，日军第2混成旅团旅团长阿部规秀命辻村大佐率一大队进犯晋察冀抗日根据地，晋察冀军区司令员兼政治委员聂荣臻命1分区司令员杨成武指挥1分区1团、3团、3分区2团，在雁宿崖设伏，将辻村大队500余人全歼。11月4日，阿部规秀亲率三个大队进犯晋察冀抗日根据地。为了防止日军进入晋察冀根据地腹心地区，破坏八路军后方医院和兵工厂，聂荣臻命部队将敌诱入黄土岭峡谷，以五个团的兵力将敌人围歼，毙敌800余人，击毙日军中将指挥官阿部规秀。此战表现了八路军指挥员高超的指挥艺术和八路军将士英勇顽强的战斗精神。黄土岭战斗是八路军继平型关大捷后的又一次重大胜利。阿部规秀是八路军在抗日战场上击毙的日军最高将领，在日本朝野引起巨大震动，极大地振奋和鼓舞了中国军民的抗日信心。日军华北方面军司令官多田骏哀叹：“名将之花凋谢在太行山上。”现存雁宿崖作战遗址，黄土岭作战遗址，击毙阿部规秀的农家院、炮兵阵地、一团指挥所位置，纪念碑、亭，简易纪念馆。

阿部规秀被击毙的农家院

热河革命烈士纪念馆

★ 位于河北省承德市双桥区翠桥路西9号

热河革命烈士纪念馆正门

热河革命烈士纪念碑

由萧克将军提写的陈列馆

陈列馆内部陈列展示

1933年1月，日军兵分三路进犯热河，伪热河省主席汤玉麟奉行不抵抗政策，仓皇逃跑。日军川原旅团先头部队128人于3月4日不费一枪一弹占领热河省会承德。英雄的热河人民不甘沦为亡国奴，反抗日本侵略者的烈火燃遍了热河大地，涌现出了以民族英雄孙永勤为代表的一大批抗日爱国英雄人物。1938年6月，热河军民在中国共产党的领导下，发动了冀热边抗日大暴动，在热河境内建立了11个抗日县（联合县）政权，组织了众多抗日游击队和民兵，在长达千里的长城沿线同敌人展开了艰苦卓绝的斗争。在近13年的浴血奋战中，共有10余万中华儿女为抗击日寇而壮烈牺牲。为了纪念英勇牺牲的革命烈士，1955年12月31日，热河省第一届人民代表大会第三次会议决定在承德市修建热河革命烈士纪念馆，1956年动工，1965年对外开放。该馆占地面积8万平方米，依山而建，其主体建筑均在一条中轴线上。其中，纪念碑占地1200平方米，碑身正面是由朱德总司令于1957年8月18日亲笔题写的“革命烈士永垂不朽”八个锤金大字；纪念碑后面是三座总占地面积达1500平方米的陈列馆。建馆以来，纪念馆收集了数百万字的烈士资料和大量的革命文物，保存了5000多名革命烈士英名录。展出的是热河人民自1919年五四运动以来至1955年12月热河省撤销建制，英雄的热河军民在中国共产党的领导下，为反抗外敌侵略、求得民族解放，同侵略者进行英勇顽强的革命斗争史和英雄事迹。热河革命烈士纪念馆于2009年3月被民政部公布为全国重点烈士纪念建筑物保护单位；2009年5月被中共中央宣部公布为全国爱国主义教育示范基地。

马本斋纪念馆

★ 位于河北省沧州市献县本斋回族乡本斋村

抗日战争全面爆发后，马本斋在家乡组织“回民义勇队”，抗击日本侵略军。1938年，率部参加八路军，任冀中军区回民教导总队总队长，率部在京浦线沧州、青县一带打击敌人。1939年，回民教导总队改编为八路军第3纵队回民支队，马本斋任司令员，率部在深县以南地区开展抗日活动，取得南花盆、齐凤庄等一系列战斗的胜利，所部被冀中军区授予“攻无不克、无坚不摧，打不垮、拖不烂的铁军”的锦旗。1942年6月，任八路军冀鲁豫军区第3军分区司令员兼回民支队司令。1944年1月，马本斋颈后长了一个疔疮，由于环境艰苦，医疗条件差，病情恶化，于1944年2月7日在冀鲁豫军区后方医院病故。3月17日，延安各界隆重集会，追悼马本斋。毛泽东、朱德、周恩来等中共中央领导人赠送挽联，对马本斋给予了高度评价。2009年，被评为“100位为新中国成立作出突出贡献的英雄模范人物”。为纪念抗日民族英雄马本斋，其家乡献县县委、县政府于2001年8月筹建马本斋纪念馆，2005年9月落成。2008年8月在原址扩建，2010年11月建成新馆。纪念馆占地面积105亩，分南、北两院。南院为马本斋母子烈士陵园，匾额由前中央政治局常委、中央军委副主席刘华清题写，院中央汉白玉石纪念碑镌刻着毛泽东主席与朱德总司令的题词。纪念碑南面是马本斋母子的陵墓。北院为马本斋纪念馆主馆，主馆前矗立着马本斋骑马雕像。马本斋纪念馆于1999年10月被河北省委、省政府公布为河北省爱国主义教育基地；2005年11月被中共中央宣传部公布为全国爱国主义教育示范基地；2006年8月被国家民委公布为全国民族团结进步教育基地；2011年被全国红色旅游工作协调小组公布为全国红色旅游经典景区。

马本斋纪念馆

马本斋纪念馆内

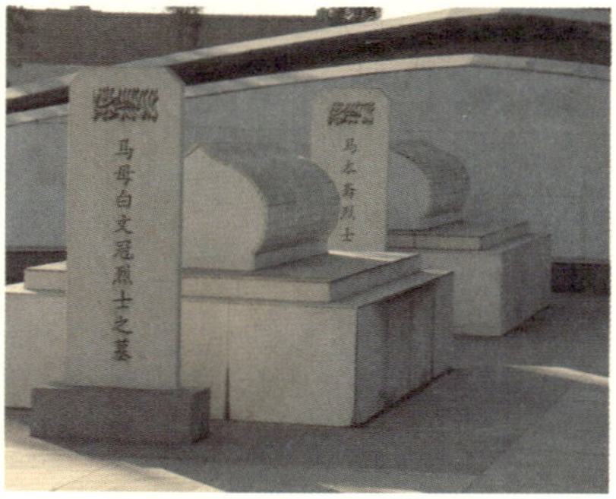

马本斋母子陵墓

大同煤矿万人坑遗址纪念馆

★ 位于山西省大同市大同煤矿煤峪口矿建新街1号

大同煤矿万人坑遗址纪念馆全景

1937年10月，日本侵略者占领大同煤矿后，为达到“以战养战”的目的，野蛮推行“以人换煤”的血腥政策，疯狂掠夺大同煤炭资源。从1937年10月至1945年8月，日本侵略者占领大同煤矿8年时间里，共掠夺煤炭1400余万吨，有6万多名矿工被摧残丧生。大同煤矿较大的“万人坑”有20余处，煤峪口南沟“万人坑”是现存较大、尸骨保存较完整的“万人坑”，位于煤峪口南沟北山坡上，分上、下两洞。上洞宽5—6米，深40多米；下洞宽3—4米，深70多米。坑内层层叠叠地堆满了死难矿工的尸骨。这些尸骨有的头颅被击穿，有的四肢被砍掉，有的脊骨被扭折，有的张大嘴好像在呼救。“万人坑”是日本侵略者残害大同矿工的铁证。大同煤矿万人坑遗址于1963年8月开放，2005年3月实施改建保护。2010年9月18日，在万人坑遗址的基础上建成大同煤矿万人坑遗址纪念馆。纪念馆建筑面积5000平方米，展厅面积3500平方米，展线长645米，共展出历史照片400余幅，文物百余件，大型雕塑3组，再现了日本侵略者掠夺大同煤炭资源、迫害大同煤矿工人的历史。大同煤矿万人坑遗址纪念馆于2005年被中共中央宣传部公布为全国爱国主义教育示范基地，被全国红色旅游工作协调小组公布为全国红色旅游经典景区；大同煤矿万人坑于2006年5月被国务院公布为全国重点文物保护单位。

大同煤矿万人坑遗址纪念馆正门

大同煤矿万人坑遗址纪念馆墓园

平型关烈士陵园正门

烈士碑亭

平型关烈士陵园

★ 位于山西省大同市灵丘县武灵镇灵源村

1937年9月25日，林彪、聂荣臻率领的八路军115师在山西平型关伏击日军第5师团第21旅团约4000名日军，经一天激战，歼灭日军1000多人，击毁汽车100余辆，缴获大量武器和军用品。平型关大捷是八路军出师抗日的第一个大胜仗，也是全国抗战以来中国军队取得的第一个大胜利。这一光辉胜利，打破了日军不可战胜的神话，鼓舞了中国人民必胜的信心，提升了共产党八路军的声威，在中国共产党党史和中国抗日战争史上写下了光辉的篇章。烈士陵园始建于1962年7月，1965年9月落成，杨成武将军题写园名。2002年9月，为了纪念在平型关战斗中牺牲的烈士，灵丘县委、县政府将灵丘烈士陵园更名为平型关烈士陵园。陵园占地面积4万平方米，建筑面积1100平方米。园区内有烈士事迹陈列馆、纪念塔、纪念亭、纪念堂等纪念设施。烈士主墓区的24座墓丘内安葬着560位平型关战役牺牲的八路军战士及同时期牺牲的抗日战士。平型关烈士陵园于1987年被山西省人民政府公布为山西省重点烈士纪念建筑物保护单位；2009年12月被山西省委、省政府公布为山西省爱国主义教育基地。

烈士纪念堂

太行太岳烈士陵园

★ 位于山西省长治市城区英雄南路东华门67号

太行太岳烈士陵园正门

太行和太岳根据地地处晋冀鲁豫边区的腹心地带，是中国共产党在抗日战争时期创建的华北敌后抗战的重要基地之一。抗日战争时期，太行太岳军民不畏强暴，同日本侵略者进行了英勇顽强的抗争。为纪念抗日战争中在太行太岳根据地牺牲的烈士，1946年3月，晋冀鲁豫边区参议会第一届第二次会议为纪念在抗日战争中牺牲的烈士，决定在长治建立烈士陵园。1950年4月动工，1952年10月竣工。陵园占地面积150亩，陵园的中心耸立着太行太岳烈士纪念塔，塔高23米。塔的正面是晋冀鲁豫边区人民政府主席程子华题写的“太行太岳烈士纪念塔”九个丹漆大字；背面是邓小平同志的题词“人民永远纪念着你们”。塔的底部四面分别刻有刘伯承、徐向前、杨秀峰、李达、戎子和、裴丽生、王新亭、王鹤锋等领导同志的题词和薄一波写的碑文。烈士纪念堂馆内主要陈列着抗日战争时期太行太岳根据地发生的重大历史事件、主要战役战斗以及涌现出的著名英雄烈士介绍。太行太岳烈士陵园于1986年10月被民政部公布为全国重点烈士纪念建筑物保护单位；1995年1月被民政部公布为爱国主义教育基地；1995年3月被山西省委、省政府公布为山西省爱国主义教育基地；2001年6月被中共中央宣传部公布为全国爱国主义教育示范基地。

太行太岳烈士纪念塔

太行太岳烈士陵园烈士墓

抗日五专署旧址正门

抗日五专署旧址陈列馆

抗日五专署旧址

★ 位于山西省长治市城区五马街道南石槽村

抗日五专署（山西省第五区行政督察专员公署）是抗战初期国共两党合作形成统一战线形势下的政权，负责长治、长子、屯留、潞城、平顺、壶关、晋城、高平、阳城、陵川、沁水、浮山12个县的政权工作。1939年，根据中共中央北方局的指示，“五专署”建立了党团组织，领导辖区的抗日斗争。“五专署”在发展抗日武装力量、反奸清霸、减租减息、帮助群众发展生产、安定群众生活等方面，做了大量工作。此外，“五专署”还成立了经济建设委员会，并与“三专署”联合成立“上党银行”，对于稳定根据地的金融秩序，繁荣经济，粉碎敌人的分割、封锁，起到了积极的作用。抗日五专署从1937年10月设立至1940年8月结束，是抗日战争初期国共两党合作的产物，是山西省七个专员公署中唯一保存旧址的专署，是唯一经我党彻底改造的专署级政权，它在培养抗日干部、为八路军筹粮、筹款，建立抗日自卫队、巩固太行山革命根据地等方面作出了重要贡献，并有力地配合了八路军、决死纵队及其他友军的对日作战。抗日五专署旧址分东、西、中三院，占地面积2117平方米，建筑面积900平方米，房屋60余间。抗日五专署旧址于2009年12月被山西省委、省政府公布为山西省爱国主义教育基地。

抗日五专署旧址陈列馆内

黄崖洞革命纪念地

★ 位于山西省长治市黎城县黄崖洞镇上赤峪村

原黄崖洞兵工厂卫生所

黄崖洞保卫战东门阵地观察口

纪念塔

抗战时期，八路军总部根据中共六届六中全会决议“提高军事技术，建立必要的军火工厂，准备反攻实力”的精神，发展太行山区的军事工业。1939年3月4日，左权奉命考察兵工厂厂址，同年5月选址水窑山，6月开工建设。1939年底，韩庄修械所全部搬迁水窑山，当时有厂房12栋，包括生产区、管理区、生活区，分布在水窑山二平方公里的厂区内。黄崖洞兵工厂年生产武器可装备16个团，主要供给华北战场，是华北抗日根据地规模最大的兵工基地。正因为黄崖洞兵工厂在抗战中的重要作用，特别是百团大战之后，抗日根据地逐步扩大，兵工厂飞速发展，黄崖洞兵工厂被华北日军视为心腹之患。1941年11月11日，华北日军纠集井关36师团和元山第4混战旅等共九个大队，五千余兵力，从长治、潞城、黎城方向和武乡、辽县方向合并攻打黄崖洞。至1941年11月18日，八路军总部特务团历时八昼夜的英勇抗战，以日军伤亡1000余人（其中死亡680人），我军伤亡166人（死亡44人），取得了敌我伤亡6:1的辉煌战绩。黄崖洞革命纪念地现存当年的厂房残基和后来修复的部分工房，家属区现只剩断垣残壁。从工厂区向北是黄龙洞。该洞为天然石洞，在峭壁之上，是当年的弹药库，洞对面突崖根有左权将军的办公室。黄崖洞革命纪念地于1995年被山西省委、山西省人民政府公布为山西省爱国主义教育基地；1998年6月被山西省国防教育委员会公布为山西省国防教育基地;2001年6月被中共中央宣传部公布为全国爱国主义教育示范基地。黄崖洞兵工厂旧址于2006年6月被国务院公布为全国重点文物保护单位。黄崖洞革命纪念地于2012年10月11日被国家旅游局公布为国家AAAA级旅游景区。

八路军太行纪念馆

★ 位于山西省长治市武乡县太行街363号

在伟大的抗日战争中，英勇的八路军出生入死，浴血奋战，战绩辉煌。为纪念这一光辉的历史，20世纪70年代末，筹建八路军总部纪念馆。根据邓小平的指示精神，该馆的展览指导思想是“全面反映、突出三个重点”，即：全面反映八路军和根据地史实，突出中共中央北方局、八路军总部和太行腹心基地。八路军太行纪念馆于1988年建成并开馆，由邓小平同志亲笔题写馆名。这是一座全面反映八路军八年抗战历史的大型革命纪念馆和军事博物馆，占地面积14.8万平方米，建筑面积1.6万平方米，展陈面积1.2万平方米。馆区主要有八路军抗战史陈列馆、八路军将领馆、八路军将领组雕《太行山》、百团大战半景画馆、窑洞战模拟景观等。八路军太行纪念馆于1995年3月被山西省委、省政府公布为山西省爱国主义教育基地；1997年被中共中央宣传部公布为全国爱国主义教育示范基地；2005年被全国红色旅游工作协调小组公布为全国红色旅游经典景区；2008年被国家文物局公布为国家一级博物馆；2009年被国家旅游局公布为国家AAAA级旅游景区；2009年被国家国防教育办公室公布为国家国防教育示范基地；2010年被中央纪委监察部公布为全国廉政教育基地。

八路军将领馆

八路军抗战纪念碑

八路军太行纪念馆全景

八路军太行纪念馆内

李林烈士陵园

李林雕塑

★ 位于山西省朔州市平鲁区井坪镇平万路1号

李林系福建龙海市人，1915年出生。幼年被侨眷领养，侨居印度尼西亚，1929年回国，1936年12月加入中国共产党。1937年夏，来到山西大同，担任牺盟会大同中心区宣传委员，同时参加中共雁北工委工作。在抗日前线雁北，她积极组织和发动民众进行抗日救亡运动。历任雁北工委宣传部长，雁北游击队6支队政委，八路军120师6支队骑兵营教导员，晋绥边区11专署秘书主任，晋西北行政公署委员等职。1940年4月，日伪军集中1.2万兵力对晋绥边区进行扫荡，时任雁北第11公署秘书主任、已有三个月身孕的李林，为掩护边区专署机关和群众突围，率小分队阻击敌人。浴血奋战至最后一人，在手持双枪连毙数名日本鬼子后，从容地把仅剩的一颗子弹射入了自己的头部，壮烈牺牲，时年24岁。她是第二次世界大战史上唯一的华侨抗日女英雄，2009年，被评为“100位为新中国成立作出突出贡献的英雄模范人物”。为纪念抗日战争时期牺牲的烈士，平鲁县人民政府于1964年修建了平鲁县烈士陵园。2000年，更名为李林烈士陵园。2002年，塑李林烈士骑马青铜像。2010年6月，李林烈士陵园迁建于现址，占地面积100亩，建筑面积25200平方米。园内陈列室收藏有三万余字的历史文献和300多幅珍贵历史照片，以及党和国家领导人的题词、李林烈士手稿等珍贵实物。李林烈士陵园于1987年被山西省人民政府公布为山西省重点烈士纪念建筑物保护单位；2002年4月被全国侨联授匾命名为爱国主义教育基地；2009年3月被民政部公布为全国重点烈士纪念建筑物保护单位。

李林墓

烈士纪念碑

麻田八路军总部旧址

麻田八路军总部纪念馆

麻田八路军总部纪念馆

★ 位于山西省晋中市左权县麻田镇上麻田村

抗日战争时期，八路军总部、中共中央北方局、129师等150余个党、政、军首脑机关在辽县（今左权县）麻田镇一带驻扎五年之久，朱德、彭德怀、左权、刘伯承、邓小平等八路军领导人汇集于此，指挥了“百团大战”、“黄崖洞保卫战”、“苏亭伏击战”等著名战役。1942年5月25日，著名抗日将领左权将军为国殉难于麻田镇附近的十字岭。在此次战役中，《新华日报》社社长何云等56名新闻工作者壮烈牺牲，是新闻历史上记者遇难人数最多、损失最为惨重的一次。为了纪念和缅怀左权将军的丰功伟绩，经晋冀鲁豫边区政府决定，于1942年9月18日将辽县易名为左权县。1980年，左权县人民政府建立了麻田八路军总部纪念馆，并对外开放。1985年，总书记胡耀邦、国家主席杨尚昆为纪念馆题写馆名。2011—2012年，左权县委对纪念馆进行了扩建，在距八路军前方总部旧址1公里处新建一座全面反映八路军总部驻麻田五年间，积极开展敌后抗日根据地建设和实施战略反攻取得抗日最终胜利的大型抗战历史博物馆。纪念馆占地面积103000平方米，展陈面积6556平方米，馆藏革命文物6300余件，陈列党和国家领导人、知名人士题词46幅。麻田八路军总部纪念馆于2005年11月被中共中央宣传部公布为全国爱国主义教育示范基地，被中共山西省委、省政府公布为山西省爱国主义教育示范基地；2009年6月被山西省人民政府公布为山西省国防教育基地；2012年8月被国家国防教育办公室公布为国家国防教育示范基地；2013年6月被山西省人民政府办公厅公布为党风廉政教育基地。

麻田八路军总部纪念缅怀大厅

晋绥边区革命纪念馆

★ 位于山西省吕梁市兴县蔡家崖乡蔡家崖村

晋绥地区是中国共产党最早的根据地之一，是华北、华中、华南各解放区与陕甘宁边区联系的重要枢纽。1937年，抗日战争爆发后，贺龙与关向应遵照党中央指示，率八路军120师从陕北挺进抗日前线，广泛发动武装群众，开展游击战争。1938年，120师在太原以北展开游击战，切断同蒲交通线，袭击太原飞机场，成功阻击了大同日军26师团进犯，奠定了晋西北抗日根据地的基础。1940年1月，晋绥边区抗日民主政权——晋西北行政公署在兴县蔡家崖成立，后改名为“晋绥边区行政公署”。1941年6月，成立晋绥军区司令部。1942年，成立了中共中央晋绥分局。从此，蔡家崖成了当时晋绥政治、军事、文化中心。著名的“晋绥干部会议”就在这里召开。晋绥党政军主要领导人贺龙、关向应、林枫、续范亭、周士弟、李井泉、牛荫冠等同志长期生活和战斗在这里。晋绥边区革命纪念馆建于1962年，馆址即原晋绥边区政府及晋绥军区司令部旧址，为一大一小两个院子的套院，占地面积6578.68平方米。2011年，晋绥边区革命纪念馆新馆落成，并重新布展。纪念馆展厅面积1050平方米，有馆藏文物4300件。晋绥边区革命纪念馆于1995年被山西省委、省政府公布为山西省爱国主义教育基地；晋绥边区政府及晋绥军区司令部旧址于1996年11月被国务院公布为全国重点文物保护单位。晋绥边区革命纪念馆于2005年5月被全国红色旅游工作协调小组公布为全国红色旅游经典景区；2005年11月被中共中央宣传部公布为全国爱国主义教育示范基地。

晋绥边区革命纪念馆正门

晋绥边区革命纪念馆

贺龙元帅雕塑

晋绥边区革命纪念馆内

土默特左旗青山烈士陵园正门

革命烈士纪念碑

土默特左旗青山烈士陵园

★ 位于内蒙古自治区呼和浩特市土默特左旗察素齐镇把什村

1938年6月，八路军第120师遵照中央军委关于在平绥铁路（今北京一包头）以北，沿大青山山脉建立抗日根据地的指示，以第358旅715团、独立第4支队和师骑兵营一部共2300余人，组成大青山支队，358旅政治委员李井泉任支队长兼政治委员，率部执行开辟大青山抗日根据地的任务。大青山支队经过4个多月的转战，开辟了绥西、绥中、绥南3个游击根据地，有力地配合绥远和山西的抗日武装斗争。为纪念在大青山地区牺牲的烈士，1966年4月，土默特左旗旗委、旗政府在把什村大青山脚下修建了大青山烈士陵园，占地面积19200余平方米，安葬有著名抗日英烈贾力更等39位烈士的遗骨。2012年，中共土默特左旗旗委、旗政府对土左旗烈士陵园进行重新规划建设，并正式更名为青山烈士陵园。陵园扩建后占地面积64843.28平方米，分纪念瞻仰区和烈士安息区两个部分。纪念瞻仰区建有纪念碑、悼念广场和烈士事迹陈列馆等。陵园中央的纪念碑高22米，纪念碑前的悼念广场占地面积5000余平方米，可容万人凭吊。青山烈士陵园于1988年被内蒙古自治区人民政府公布为内蒙古自治区重点烈士纪念建筑物保护单位。

烈士墓区

百灵庙抗日武装暴动纪念碑

★位于内蒙古自治区包头市达尔罕茂明安联合旗百灵庙镇女儿山

1936年2月21日，德王在日本的操纵下，公开投靠日本。在乌兰夫等共产党人的策动下，达尔罕草原爆发了震惊中外的百灵庙暴动。百灵庙蒙政会保安队1千余人，在蒙政会科长云继先带领下，宣布脱离德穆楚克栋鲁普(简称德王)领导的蒙政会，威震内蒙古草原的百灵庙抗日武装暴动宣告成功。百灵庙抗日武装暴动是中国人民抗日战争中的壮举，打响了内蒙古民族武装抗日的第一枪，其意义是深远的。它不仅打击了日寇的侵略气焰，推迟了侵略者的西进日程，也表明了蒙古族人民反对日本帝国主义侵略、争取民族独立与解放的决心。1937年10月，日伪军进犯归绥，蒙旗独立旅（蒙政会保安队被改编为蒙旗独立旅）从驻地固阳，驰骋到归绥南郊，与日军、伪蒙军激战一昼夜，予敌以重创。1938年5月，扩建为新3师，在抗日战争中发挥了重要作用。1989年年初，内蒙古自治区为纪念1936年百灵庙抗日武装暴动、缅怀抗日暴动爱国官兵的历史功绩决定，在达茂旗百灵庙镇女儿山顶上修建了百灵庙抗日武装暴动纪念碑。碑高25.8米，由碑体和抗日武装暴动骑兵群雕组成。纪念碑坐东面西，用大理石构筑的方形塔基上是粗线条的抗日战士浮雕“群英图”，四蹄腾空，昂首向前的战马上是一名战士高举战刀，威武雄姿、所向披靡的飒爽英姿。碑的主体是直立的长方体柱，两面由原全国人大常委会副委员长布赫亲笔题写的“百灵庙抗日武装暴动纪念碑”12个大字，分别是用蒙汉文字书写的。百灵庙起义旧址于2006年被国务院公布为全国重点文物保护单位。百灵庙抗日武装暴动纪念碑于2011年被内蒙古自治区人民政府公布为内蒙古自治区爱国主义教育示范基地。

百灵庙抗日武装暴动纪念碑

百灵庙抗日武装暴动念碑远景

抗联英雄园

★ 位于内蒙古自治区呼伦贝尔市阿荣旗那吉镇东山

1939年12月至1942年，东北抗日联军三次挺进内蒙古呼伦贝尔，同呼伦贝尔各族人民一起展开抗日游击活动。抗联部队广泛宣传中国共产党的抗日主张，发动少数民族群众共同抗日，粉碎敌人多次“围剿”。抗联部队在同武器、人数占绝对优势的日伪军的多次战斗中，消灭了敌人的有生力量，同时也付出了重大的牺牲，200多名抗联干部、战士长眠在呼伦贝尔。为纪念牺牲在呼伦贝尔地区的东北抗日联军烈士，1955年，当地政府修建了东山革命烈士陵园。陵园占地面积1200平方米，建筑面积122.8平方米，主要由纪念碑和烈士陵两部分组成。纪念碑基座110.5平方米，碑身高13.5米。烈士陵呈圆形，占地面积12.56平方米。烈士陵园内存有抗日战争、解放战争和建国后牺牲在阿荣旗的28位革命烈士遗骨，其中有曾任东北抗联第三路军第三支队政委高禹民。2005年9月，阿荣旗委、阿荣旗人民政府在东山烈士陵园原址，新建了抗联英雄园。抗联英雄园占地面积40万平方米，园内建有英雄纪念碑，“抗日烽火”、“七勇士”、“兴安密林”等16座雕塑，以及英雄亭、民族亭、缅怀亭、报国亭、精忠亭、勿忘亭等。2008年，在抗联英雄园内建设了东北抗联纪念馆，纪念馆占地面积2300平方米。原中央军委副主席、国务委员兼国防部长迟浩田为纪念馆题写馆名。纪念馆陈展史实照片420幅、抗战时期文物220件，展现了抗联在呼伦贝尔地区与日军艰苦卓绝的征战史实。抗联英雄园于2008年被内蒙古自治区人民政府公布为内蒙古自治区爱国主义教育基地。

东北抗联纪念馆

革命烈士纪念碑

抗联英雄园正门

巴彦汗日本关东军毒气实验场遗址

★ 位于内蒙古自治区呼伦贝尔市鄂温克族自治旗巴彦托海镇

全国重点文物保护单位石碑

巴彦汗日本关东军毒气试验场建于1940年，是日军在中国东北地区设置的最大的生化武器试验场，分布在近110平方公里的草原上，侵华日军曾在这里进行过极为残忍的毒气活体实验。巴彦汗毒气实验场土筑遗构多达数百处，主要包括指挥所、实验工事群、大小牲畜及小动物实验坑、蓄水池及地下工事、汽车和坦克掩蔽部、堑壕、交通壕、碉堡、步兵作战掩体、土筑炮阵地、单兵坑等20余种。巴彦汗日本关东军毒气试验场遗址是目前世界最大的毒气实验场遗迹。巴彦汗日本关东军毒气实验场遗址于2013年被国务院公布为全国重点文物保护单位。

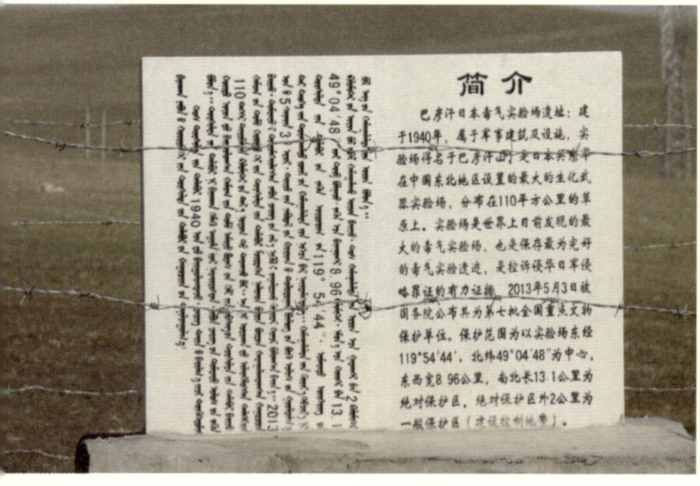

巴彦汗毒气实验场简介

巴彦汗毒气实验场全景

五原抗日烈士陵园正门

烈士墓区

五原抗日烈士陵园

★ 位于内蒙古自治区巴彦淖尔市五原县隆兴昌镇

1940年1月19日，日伪军3万余人进犯内蒙古河套平原，并占领五原。3月20日，傅作义将军率部打响五原战役，22日攻克五原，收复失地。此次战役共歼灭日伪军5000余人，俘敌1800余人，鼓舞了全国人民的抗日斗志，史称“五原大捷”。此次战役中，中国抗日军队有679位将士英勇捐躯。1942年，绥远省政府拨专款在五原县修缮烈士公墓，傅作义将军亲书碑文。2005年，中共五原县委、五原县人民政府决定在原址重新修缮抗日烈士陵园。陵园修缮工程于2005年9月18日（“九一八”事变纪念日）开工，2007年8月15日竣工（日本投降纪念日）。陵园内有牌楼、纪念碑、烈士铭录纪念墙、墓冢、纪念展厅等。牌楼位于陵园正南端，宽28米，高12米，正中刻有“五原抗日烈士陵园”。牌楼前广场中央有一尊高7米的傅作义将军坐骑“战马腾空”铜像。纪念碑总高15.6米，基座占地1940平方米，整个纪念碑呈三角形状。纪念墙宽17.5米，高4.5米，正面刻有五原大捷的战斗情景，背面刻有五原战役牺牲的抗日烈士铭录。烈士墓群安葬着679名抗日烈士。五原抗日烈士陵园于2006年被内蒙古自治区人民政府公布为内蒙古自治区重点文物保护单位；2008年被内蒙古自治区人民政府公布为内蒙古自治区国防教育基地。

五原抗日烈士纪念碑

侵华日军阿尔山要塞遗址

★ 位于内蒙古自治区兴安盟阿尔山市

阿尔山要塞火车站

阿尔山地区位于中国和蒙古国交界处，同时毗邻俄罗斯西伯利亚地区。侵华日军阿尔山要塞始建于1935年，由炮台阵地、五叉沟机场、南兴安隧道、碉堡、阿尔山车站等组成。炮台阵地位于阿尔善河上游河谷，由日军指挥部、营房、碉堡、暗堡、观察所、车库、发电室、军犬舍、水井、铁器加工铺、劳工棚、防坦克壕等组成。其中以日军指挥部保存较好，指挥部为隧道式，长170米，内设房间12处。五叉沟机场位于阿尔山市五叉沟镇，由飞机跑道、飞机库、弹药库、地面掩体组成，呈S形分布。南兴安隧道、碉堡位于阿尔山市白狼镇南兴安。隧道1条，贯穿南兴安山，长3218.5米，隧道内有避车洞、排水沟、渗水井等设施；碉堡2个，位于隧道东西入口处，为混凝土结构，共6层。阿尔山车站位于阿尔山市内，建筑面积671.49平方米，共分三层。侵华日军阿尔山要塞遗址是我国目前发现的最大的日军侵华战争遗址群所在地。侵华日军阿尔山要塞遗址群于1996年被内蒙古自治区人民政府公布为内蒙古自治区重点文物保护单位；2013年被国务院公布为全国重点文物保护单位。

阿尔山要塞南兴安隧道

阿尔山要塞碉堡

中共满洲省委旧址纪念馆正门

中共满洲省委旧址纪念馆内

中共满洲省委旧址纪念馆

★ 位于辽宁省沈阳市和平区皇寺路福安巷3号

中共满洲省委是中国共产党于1927年10月至1936年1月，在东北地区设立的最高领导机构。在中国人民反帝反封建的伟大斗争中，以陈为人、刘少奇、陈潭秋等为书记的中共满洲省委，组织领导工人运动、农民运动、学生运动、士兵运动，发展和壮大了党组织。尤其是在“九一八”事变爆发后，中共满洲省委在党中央的领导下，高举抗日旗帜，组织领导了东北地区的抗日斗争，不仅为中国共产党的发展和中华民族的解放立下了不可磨灭的功勋，而且在世界反法西斯斗争史上写下了光辉篇章。为了纪念这段历史，沈阳市人民政府修建了中共满洲省委旧址纪念馆，并于1985年对外开放，2003年进行大规模改扩建。纪念馆占地面积2500平方米，展览面积740平方米，主要展览有中共满洲省委历史陈列、中共满洲省委旧址复原陈列、刘少奇旧居复原陈列、中共沈阳地方史陈列，同时还建有历任书记雕塑、宣誓广场等。中共满洲省委旧址纪念馆于1988年被辽宁省人民政府公布为辽宁省重点文物保护单位；2005年被辽宁省人民政府公布为辽宁省爱国主义教育基地；2013年被中共辽宁省纪委公布为辽宁省反腐倡廉教育基地。

刘少奇旧居

沈阳二战盟军战俘营旧址

★ 位于辽宁省沈阳市大东区地坛街30－3号

沈阳二战盟军战俘营遗址陈列馆

沈阳二战盟军战俘营是“二战”时期日本在沈阳设立的一个专门关押太平洋战争中被俘盟军的场所，时称“奉天俘虏收容所”。它是日军在中国东北建立的中心战俘营，也是“二战”期间日本在本土及海外占领地设立的18座战俘营中保留最为完整的一座。“二战”时期，这里曾关押了来自美国、英国、加拿大、澳大利亚、荷兰、法国6个国家的2000余名战俘。战俘营占地面积近5万平方米，目前保留下来的建筑主要有1号战俘营房及附属用房、日军看守所、战俘营医院、水塔和锅炉房烟囱等。为了纪念这段历史，沈阳二战盟军战俘营旧址历经多年维修建设，2013年5月18日正式开放。沈阳市政府在旧址边新建了一座陈列馆和一面“死难者碑墙”。碑墙上刻满了200多名在战俘营中死去的盟军战士姓名。陈列馆内专门辟出展区，用于展示盟军战俘的漫画。在当时极其恶劣的生存环境下，1475号战俘威廉·克里斯蒂·沃特克、438号战俘巴顿·富兰克林·品森和1658号战俘马康·弗蒂尔用铅笔创作了上百幅表现战俘劳作和生活的漫画，成为那段鲜为人知历史的珍贵见证。沈阳二战盟军战俘营旧址于2008年被辽宁省人民政府公布为辽宁省重点文物保护单位；2013年被国务院公布为全国重点文物保护单位。

沈阳二战盟军战俘营遗址陈列馆内

沈阳二战盟军战俘营营区

平顶山殉难同胞纪念碑

抚顺平顶山惨案陈列馆

抚顺平顶山惨案遗址纪念馆

★ 位于辽宁省抚顺市新抚区南昌路17号

平顶山惨案幸存者证词碑苑

1931年，“九一八”事变爆发，日军对我东北发动大规模的侵略战争，中国军民奋起反抗。1932年9月15日夜，一支辽东民众抗日自卫军途经平顶山村，袭击了日军侵占的杨柏堡采炭所等。日军于次日出动守备队、宪兵队190多人包围平顶山村，将全村3000多名村民逼赶到平顶山下，进行了灭绝人性的大屠杀。为掩盖其罪行，屠杀后日军又用汽油焚尸，放炮崩山将全部尸骨深埋在平顶山下，并烧毁了全村800多间房屋，将平顶山村夷为平地，制造了震惊中外的“平顶山惨案”。为悼念殉难同胞，铭记历史，1951年，抚顺市人民政府在平顶山惨案旧址处建立平顶山殉难同胞纪念碑。1963年，辽宁省人民政府将该纪念碑公布为省级文物保护单位。1970年，抚顺市人民政府对平顶山惨案遗址进行了发掘、清理。从长80米，宽5米的范围内，清理出比较完整的遗骨800多具，遗物2300多件，并就地修建了平顶山殉难同胞遗骨馆，同时重新修建了平顶山殉难同胞纪念碑。1972年9月16日遗骨馆竣工，于1973年3月5日对外开放。平顶山殉难同胞遗骨馆建筑面积近8000平方米，园区面积16.5万平方米，主要建筑有：主题雕塑“毁灭”、陈列馆、平顶山惨案遗址馆、殉难同胞纪念碑和幸存者证言碑苑五部分。平顶山惨案遗址于1988年被国家文物局公布为国家级重点文物保护单位，将原平顶山殉难同胞遗骨馆改称为平顶山惨案遗址纪念馆；平顶山惨案遗址纪念馆于2004年被全国红色旅游工作协调小组公布为全国红色旅游经典景区；2005年被中共中央宣传部公布为全国爱国主义教育示范基地。

赵尚志纪念馆

赵尚志铜像

★ 位于辽宁省朝阳市双塔区中山大街2段

赵尚志，1908年10月26日出生，辽宁省朝阳县人，东北抗日联军的创建者和主要领导人之一，东北抗联第3军军长。在艰苦抗战的岁月里，赵尚志带领抗联3军在松花江两岸、小兴安岭山麓40余县广大区域内纵横驰骋，所向披靡，牵制20万日军不能南下入关。他指挥的“肖田地突围”、“冰趟子大捷”等战斗，是东北抗战史上以少胜多、以弱胜强的经典战例。1942年2月12日，赵尚志在率领小分队袭击伪警察驻所时，被混入队内的特务打成重伤，遭日军俘获。被捕后他痛斥敌人，拒绝医治，壮烈殉国。赵尚志牺牲后，残暴日军割下他的头颅，将尸身投入松花江。2004年6月2日，他的头骨在长春净月潭公园被发现。2006年12月，党中央决定将赵尚志头骨安葬在其出生地朝阳市。纪念馆于2007年9月23日开工，2008年10月25日建成。纪念馆建筑面积6000平方米，布展面积4000平方米。纪念馆以弘扬尚志精神为主题，以赵尚志革命战斗经历为主线，通过实物、绘画、图片以及声电光等手段，向人们讲述赵尚志将军悲壮而传奇的一生。2008年10月26日，在赵尚志将军百年诞辰之际，辽宁省朝阳市隆重举行赵尚志将军头骨安葬仪式和纪念馆开馆仪式。赵尚志纪念馆于2009年被中共中央宣传部公布为全国爱国主义教育示范基地；2010年被全国红色旅游工作协调小组公布为全国红色旅游经典景区；2012年被国家国防教育办公室公布为国家级国防教育示范基地。

赵尚志纪念馆正门

赵尚志纪念馆内

吉林市革命烈士陵园正门

革命烈士墓区

吉林市革命烈士陵园

魏拯民铜像

★ 位于吉林省吉林市船营区环山路27号

“九一八”事变后，全国各地迅速掀起抗日救国斗争的高潮。流亡关内的东北各阶层爱国人士和青年学生，纷纷组织抗日救国团体，以各种方式支援东北同胞的抗日斗争。日本帝国主义的侵略暴行和熙洽为首的汉奸走狗的卖国行径，激起吉林广大军民的无比愤慨和强烈反对。以冯占海为代表的原东北军官兵，在全国反日浪潮的推动下，建立抗日义勇军，奋勇抗击日本侵略者。为纪念英勇牺牲的烈士们，吉林市人民政府于1954年在吉林市北山公园内修建了吉林市革命烈士陵园。陵园占地面积15995平方米，由革命烈士纪念塔、革命烈士墓、革命烈士纪念馆三部分组成。纪念塔高28米，四面分别雕刻着党和国家领导人毛泽东、周恩来、朱德和原东北人民政府副主席林枫的题词。革命烈士墓占地面积6000平方米，安葬着著名抗日民族英雄、东北抗日联军第1路军副总司令魏拯民等400多位在抗日战争、解放战争、新中国建设时期及和平年代为民族解放和正义事业英勇献身的革命烈士。墓区正中矗立着抗日民族英雄魏拯民烈士的塑像。革命烈士纪念馆占地面积5443平方米，陈列实物170件、照片316张、图表11幅、烈士文字材料400余万字，展示了抗日英雄魏拯民等27位革命先烈的光辉事迹，是东北地区展出抗联英烈最多、事迹最集中的设施之一。刘华清同志为纪念馆题写馆名。吉林市革命烈士陵园于1984年被吉林省人民政府公布为吉林省重点文物保护单位；2001年被民政部公布为全国重点烈士纪念建筑物保护单位；2009年被中共中央宣传部公布为全国爱国主义教育示范基地；2012年被国家国防教育办公室公布为国家国防教育示范基地。

老黑沟惨案遗址全景

老黑沟惨案遗址

★ 位于吉林省舒兰市新安乡联合村

老黑沟位于呼兰河上游，沟谷全长约40公里，两侧山峦起伏，沟壑纵横，树密林高，地势险要。20世纪30年代，这里散居着300余户农民。“九一八”事变后，宋德林领导的反满抗日救国义勇军大队，以此为根据地与敌人展开游击战争。1935年5月，日军从齐齐哈尔调来满洲派遣军16师团38联队第3大队1300余人进驻蛟河。5月29日，日军到达额勒赫后，兵分三路进入老黑沟。6月6日，日军实行“拉网合围”、“三光”政策，屠杀老百姓1071人，烧毁大部分民房，制造了震惊东北三省的老黑沟惨案。为纪念在惨案中死去的无辜百姓，牢记历史，教育后人，舒兰市委、市政府在榆树沟东南25华里处的“桦曲柳顶子杀人场”建造了老黑沟惨案遗址纪念碑主碑。同时，又分别在桦曲柳顶子、胡家店、月牙泡、柳树河等处杀人场建了小型石碑。1995年8月21日，举行接碑仪式。2005年，市委、市政府对老黑沟惨案遗址进行了维修改造。老黑沟惨案遗址于2011年被吉林省委、省人民政府公布为吉林省爱国主义教育基地。

延边革命烈士陵园正门

延边革命烈士纪念碑

延边革命烈士陵园

★ 位于吉林省延边朝鲜族自治州延吉市公园街烟集路8号

延边是具有光荣传统的革命根据地之一。抗日战争期间，在中国共产党的领导下，延边朝鲜族与其他兄弟民族并肩战斗，抗击日本帝国主义侵略、争取民族解放的斗争遍及延边大地。延边地方共产党组织广泛发动群众，建立抗日武装，创立了东满抗日根据地。中共东满特委领导的以延边优秀儿女为主组成的东北抗日联军第2军，成为东北抗日武装的重要力量。为了纪念这段历史，1964年，国务院批准修建了延边抗日纪念碑。1992年，经省委、省政府批准，建立延边革命烈士陵园，占地面积36294平方米，建筑面积6165平方米。宋任穷同志题写了园名“延边革命烈士陵园”。陵园内主要建筑有牌楼、革命烈士纪念碑、大型雕塑、革命烈士纪念馆、革命烈士墓区等。纪念馆内有“抗日烽火燃神州”、“迎接抗战”、“胜利曙光”等专题展览。延边革命烈士陵园于1994年被中共吉林省委、吉林省人民政府公布为吉林省爱国主义教育基地；1996年被民政部公布为全国重点烈士纪念建筑物保护单位；2001年被中共中央宣传部公布为全国爱国主义教育示范基地。

革命烈士墓区

哈尔滨烈士陵园

★ 位于黑龙江省哈尔滨市香坊区体育街1号

哈尔滨烈士陵园正门

无名烈士纪念碑

革命烈士纪念馆

汪亚臣将军墓

黑龙江省是中国共产党组织建立较早的地区之一，早在1923年就建立了中共哈尔滨组（亦称哈尔滨独立组），1927年建立了东北统一的党的领导机构——中共满洲省委。1931年，“九一八”事变爆发后，大批东北军和国民党军政要员撤入关内，中共满洲省委机关则由已被日军占领的沈阳迁到哈尔滨。在中共满洲省委的领导下，东北陆续创建了东北抗日联军11个军，并在各抗日游击区和游击根据地建立了有力的党组织。在黑龙江这块英雄的土地上，出现了周保中、赵尚志、李兆麟、冯仲云、李延禄、祁致中、夏云杰、陈荣久、汪雅臣、柴世荣、赵一曼、冷云、裴治云等民族英雄，他们都是共产党员，是黑龙江抗日斗争的中流砥柱。哈尔滨烈士陵园始建于1948年，占地面积4.2万平方米，园区围墙内由18座欧式建筑的革命烈士墓、革命烈士纪念馆、革命烈士纪念碑林、无名烈士雕塑、烈士浮雕墙、英名录碑、绿化休闲景观小区和办公区构成。园内安葬、安放着抗日战争、解放战争、抗美援朝、社会主义建设及改革开放新时期牺牲的革命烈士243位。园中的朱瑞将军墓为中国历史名墓；东北抗日联军第十军军长汪雅臣将军墓内安放着全国仅存的将军遗首；红二方面军创始人、松江军区首任司令员卢冬生将军墓的碑文为贺龙元帅亲笔撰写。这些珍贵的历史文物既是红色历史的见证，又是弘扬爱国主义、振奋民族精神的珍贵教育资源。哈尔滨烈士陵园于1986年被民政部公布为全国重点烈士纪念建筑物保护单位；1999年被黑龙江省公布为黑龙江省文物保护单位；2001年被中共中央宣传部公布为全国爱国主义教育示范基地；2005年被全国红色旅游工作协调小组公布为全国红色旅游经典景区。

江桥抗战纪念公园正门

江桥抗战纪念馆

江桥抗战纪念馆

★ 位于黑龙江省齐齐哈尔市泰来县江桥镇江安社区

1931年11月4日，马占山将军激民族之义愤，怀满腔之热血，在嫩江桥边打响了武装抗日的第一枪，“以一旅之众，首赴国难”。嫩江两岸广袤的大地见证了当年抗日军民的英雄壮举。为了纪念江桥抗战，缅怀英烈的丰功伟绩，弘扬抗战精神，2001年，中共泰来县委、县政府在江桥抗战的发生地江桥蒙古族镇修建了抗战纪念公园。公园占地3万余平方米，建有江桥抗战纪念碑、马占山将军铜像、反满抗日爱国志士伊作衡先生纪念碑、抗日将领苏炳文将军纪念碑。在当年战场嫩江桥边，修建了江桥抗战纪念墙。纪念墙正面为浮雕设计，形象地刻画了我守军奋勇杀敌的战斗场面。2005年8月在江桥抗战公园内兴建江桥抗战纪念馆，2008年8月14日正式开馆。周铁农副委员长为江桥抗战纪念馆题写了馆名。纪念馆建筑面积1522平方米，展厅面积800平方米。馆内陈列了近百余件江桥抗战将领使用过的实物，抗击日军用的武器，侵华日军的物证和大量珍贵图片。江桥抗战纪念馆于2005年被公布为黑龙江省爱国主义教育基地；2011年被全国红色旅游协调工作小组公布全国红色旅游经典景区。

江桥抗战纪念馆内

侵华日军虎头要塞遗址博物馆

★ 位于黑龙江省虎林市虎头镇虎东山

虎头要塞遗址博物馆

虎头要塞修筑于1934年，是日军为永久霸占中国，进而侵占苏联，在中苏、中蒙、中朝边境秘密修筑的17处军事要塞之一，是侵华日军强迫30多万中国劳工和战俘，用六年时间修筑的永久性军事工事。要塞正面宽12公里，纵深30公里，由虎东山前沿阵地，虎北山侧翼阵地，猛虎山主阵地，虎西山、虎啸山后援阵地构成。地上军用机场、大型火炮阵地密布；地下结构复杂，设施完备，工程浩大，有“东方马其诺防线”之称。1945年8月8日，苏军出兵东北，8月15日日军投降，虎头要塞守军拒降，战至8月26日结束。虎头要塞之战比日本天皇宣布无条件投降整整推迟了11天，故虎头要塞成为第二次世界大战最后激战地和终结地。为铭记历史，警示后人，国家、省市投入大量资金，开掘和清理虎头要塞，1999年在要塞遗址上修建了侵华日军虎头要塞博物馆。虎头要塞遗址博物馆建筑面积1874米，展厅面积800平方米，真实地介绍了虎头要塞的历史、日军奴役杀害中国劳工的罪行、“二战”最后一战——虎头要塞攻歼战，等等。展品中有被日军残杀的劳工尸骨、遗物，要塞构造图，未爆炸的各式炮弹，虎头要塞攻战图，苏军阵亡官兵名单等实物、图片、文字资料等。在博物馆前的广场上耸立着苏联红军纪念碑，高9.7米，碑体呈白色，俗称小白塔。虎头要塞遗址博物馆于1990年12月被黑龙江人民政府公布为黑龙江省重点文物保护单位；2006年5月被中共中央宣传部公布为全国爱国主义教育示范基地。

虎头要塞遗址博物馆场景

虎头要塞遗址博物馆陈展

饶河抗日游击队纪念碑

饶河抗日游击队纪念碑回廊

饶河抗日游击队纪念碑

★ 位于黑龙江省双鸭山市饶河县饶河镇小南山

饶河是东北地区重要抗日根据地之一，是东北抗日联军第7军的发祥地。抗日战争期间，无数英烈为中华民族解放事业，长眠在这片土地上。1965年，曾在饶河抗日游击队、东北抗联第7军担任参谋长、7军代理军长的崔石泉来华时，向中国政府提出在他与中国军民并肩战斗的饶河小南山建立一座中朝抗日纪念塔。周恩来总理亲自批准修建。1986年8月，纪念碑竣工。纪念碑占地面积2032平方米，碑高16.6米，碑身表面镶嵌青灰色大理石，全部由花岗岩制成，顶端是一位抗联战士持枪前进的雕像；碑座呈方形，设两层平台，每层高2米左右，四周围有雕刻着松针、松果图案的石栏杆。纪念碑正面镌刻着原黑龙江省省长陈雷的题字“饶河抗日游击队纪念碑”。碑体背面题词“抗日先烈，永昭千秋”。饶河抗日游击队纪念碑，是饶河抗日时期军民并肩驱逐日军的缩影和真实写照。1990年，在纪念碑北侧建成饶河革命烈士纪念馆。纪念馆与纪念碑的两侧建有长50米的回廊。饶河抗日游击队纪念碑于1986年被民政部公布为全国重点烈士纪念建筑物保护单位。

四行仓库抗战纪念馆

★ 位于上海市闸北区光复路1号

上海四行仓库始建于1927年，是座钢筋混凝土结构的6层大厦，占地0.3公顷。建筑面积2万平方米，高25米，为当时闸北一带最高、最大的一座建筑物。1937年10月，在淞沪会战中，著名爱国将领谢晋元带领八百壮士，据守四行仓库顽强抗击侵华日军，他们抵住了日军的多次进攻，掩护国民革命军第88师及其他国民革命军向西撤退。这次保卫战的成功，极大振奋了因淞沪会战受挫而下降的中国军民的士气。四行仓库只与英美租界相隔一条苏州河，因此就将整个战斗展现在了西方世界面前，这进一步吸引了国际社会的注意力，四行仓库因此而名扬海内外。1995年，为纪念八百壮士的英雄事迹，弘扬爱国主义精神，建筑所属单位百联集团在顶楼加盖了7楼，设立“八百壮士抗日陈列室”。2014年4月，上海市政府决定在四行仓库原址设立抗战纪念地。2015年8月13日，经过修缮恢复原貌的四行仓库作为抗战纪念地正式对公众开放。纪念地由纪念馆、纪念墙、纪念广场和纪念雕塑组成。作为纪念地核心的纪念馆位于四行仓库旧址内，复原了“谢晋元和八百壮士”坚守四行仓库的战斗史实与场景。

四行仓库外景

国歌展示馆外景

国歌纪念广场

国歌展示馆

★ **位于上海市杨浦区荆州路151号**

中华人民共和国国歌《义勇军进行曲》，由田汉作词、聂耳谱曲，诞生于20世纪30年代中华民族生死存亡的危急关头，是近代中华民族反抗帝国主义侵略，争取民族独立解放的战斗号角。《义勇军进行曲》是影片《风云儿女》的主题曲，影片《风云儿女》的拍摄公司为上海电通影业公司，中华人民共和国国歌就诞生在上海这片土地上。公司当时坐落于杨浦区荆州路405号，也就是现在的荆州路151号。为展现国歌精神，杨浦区政府在荆州路151号建造了国歌展示馆，于2009年9月落成开放。这是全国首家以中华人民共和国国歌为主题的展示馆，整个国歌展示馆由国歌纪念广场和国歌展示馆两大部分组成。其中广场共占地2.7万平方米，展馆建筑面积1450平方米，陈展面积约1000平方米。全馆以国歌纪念广场为依托，以爱国主义为基调，以国歌故事为主线，以声音效果为重点，全面展示《义勇军进行曲》诞生、传播及其深远影响，通过实物陈列、场景再现、多媒体互动展示，生动演绎了《义勇军进行曲》从电影《风云儿女》的主题曲到成为中华人民共和国国歌的历程。国歌展示馆于2009年被上海市人民政府公布为上海市爱国主义教育基地；2011年被上海市纪委公布为上海市廉政教育基地；2012年被国家国防教育办公室公布为国家国防教育示范基地。

国歌展示馆内

金山卫城南门侵华日军登陆处

★ 位于上海市金山区金山卫镇南安路87号

金山卫抗战遗址纪念园正门

1937年8月13日，日军在上海发动淞沪战役。为完成对上海的战略包围，11月5日（农历十月初三）侵华日军以10万之众，在防御较弱的金山卫沿海一带偷袭登陆。我沿海守军在力量悬殊的状况下，殊死抵抗，奋勇杀敌，仅40余人突围外，全部壮烈牺牲。日军登陆后对城内手无寸铁的老百姓大肆屠杀，实行“三光”政策，制造了惨绝人寰的“十月初三惨案”。1985年9月，为纪念中国军民顽强抵抗日本侵略者的史实，牢记日军犯下的种种罪行，金山县人民政府在金山卫城南门侵华日军登陆处建亭立碑。2004年、2007年，金山区委、区政府对纪念地进行了两次改扩建工程，在遗址原有基础上，增建“十月初三惨案”记事碑墙、紫砂浮雕壁画、被害乡民纪念墙、古城墙遗址和日军碉堡、警世钟亭、瓮城和城楼、大型紫砂抗倭浮雕墙等纪念设施，建筑面积共约6000平方米。2014年，进行综合改建，改称金山卫抗战遗址纪念园，新建陈展面积500多平方米的金山卫抗战史料馆。史料馆通过大量史料、实物，全面反映中国军民尤其是金山地区军民顽强抵抗日本侵略者的史实。金山卫城南门侵华日军登陆处于1984年被上海市人民政府公布为日本帝国主义侵略上海遗址纪念地；2009年被上海市人民政府公布为全民国防教育基地，被上海市委宣传部公布为上海市爱国主义教育基地。

主题雕塑及大型紫砂壁画

金山卫抗战史料馆内

禹王山抗日阻击战遗址纪念园

禹王山抗日纪念馆

禹王山抗日阻击战遗址纪念园

★ 位于江苏省邳州市戴庄镇李圩村

禹王山抗日阻击战发生在江苏省邳州市戴庄镇禹王山周边地区，是徐州会战第二阶段的重要组成部分，其遗址是徐州地区保存最好、最完整的抗日战争遗址。禹王山海拔124.6米，是徐州和台儿庄之间的制高点，战略位置十分重要。1938年春，在徐州会战第一阶段台儿庄战役中，中国军队取得了抗战以来最大胜利，日本国内舆论大哗，日军决定聚歼中国军队于徐州一带。1938年4月下旬，重整后的日军第10师团和第5师团以及伪军刘桂堂部联合行动，总计10余万人，拟突破禹王山一带防线，直取徐州，围歼我第5战区数10万主力部队。国民革命军第60军在52军、59军、46军的协助下，在以禹王山为中心的邳北地区设防阻击日军，经过近一个月的殊死战斗，共毙敌约5000余人。第60军也付出了巨大牺牲，阵亡将士13869人、失踪430人、负伤4545人，其中排长以上178人，包括旅长陈钟书、团长严家训、莫肇衡、龙云阶等烈士。禹王山阻击战是徐州会战第二阶段至关重要、最为惨烈的一场战役，使日军受到严重打击，彻底粉碎了日军由台儿庄直取徐州的企图，掩护了数十万主力部队实现战略转移，为武汉保卫战赢得了宝贵时间。为弘扬抗战精神，告慰英烈忠魂，邳州市建设禹王山抗日阻击战遗址纪念园。纪念园占地247亩，包括战壕遗址、禹王园、鉴池、纪念广场、纪念馆、阵亡将士墓区及禹王山生态修复、山体绿化等景观配套。纪念馆建筑面积2200平方米，展陈面积1200平方米，陈列有360件珍贵文物、史料，全景展现了禹王山阻击战悲壮、恢弘的场面。

禹王山抗日纪念馆内

新四军江南指挥部纪念馆

★ 位于江苏省溧阳市竹箦镇水西村

新四军江南指挥部司令部旧址外景

1938年5月，粟裕率新四军先遣支队到达苏南境内，实施战略侦察。同年6、7月间，陈毅、张鼎丞分别率领第1、2支队挺进苏南敌后，开展抗日游击战争。1939年8月，新四军军部决定成立江南指挥部，统一领导第1、2支队和苏南地方抗日武装；11月，新四军江南指挥部在水西公开宣布成立，指挥陈毅，副指挥粟裕，至次年7月，陈毅、粟裕率江南指挥部及其主力渡江北上。在这期间，陈毅、粟裕坚决执行党中央的正确指示，并从苏南抗日斗争的实际出发，创造性地运用党的“三大法宝”，创建、巩固和发展了苏南抗日根据地，并为华中抗日根据地的形成奠定了基础。为纪念新四军江南指挥部的重要历史作用，新四军江南指挥部纪念馆于1979年开始修建，1984年正式对外开放。现有新四军江南指挥部司令部旧址、新四军江南指挥部史料展览馆、纪念广场、毛泽东像章陈列馆、新四军廉洁思想教育馆等纪念设施，馆区建筑面积10000多平方米，其中展厅面积8000多平方米。新四军江南指挥部纪念馆于2004年被国家旅游局公布为国家AA级旅游景区；2009年被中共中央宣传部公布为全国爱国主义教育示范基地；2010年被江苏省纪委公布为江苏省廉政教育基地；2011年被全国红色旅游工作协调小组公布为全国红色旅游经典景区；2012年被国家国防教育办公室公布为国家国防教育示范基地；新四军江南指挥部旧址于2013年被国务院公布为全国重点文物保护单位。

新四军江南指挥部史料展览馆

新四军廉洁思想教育馆

沙家浜革命历史纪念馆外景

“军民鱼水情”雕塑

常熟市沙家浜革命历史纪念馆

★ 位于江苏省常熟市沙家浜镇芦苇荡路

抗日战争时期，位于阳澄湖畔的沙家浜成为苏、常、太游击根据地。中国共产党领导当地军民利用阳澄湖地区天然地理条件，开展艰苦卓绝的抗日武装斗争。血战沙家浜、激战阳沟娄、伏击八字桥、浒墅关战斗、夜袭虹桥机场等著名战斗，至今仍广为传颂。为纪念和弘扬沙家浜抗日军民鱼水情深、共同抗敌的感人事迹，沙家浜革命历史纪念馆于1971年建立，当时称“沙家浜革命传统陈列室”。1988年6月，改建为沙家浜革命展览馆。1991年，命名为沙家浜革命传统教育馆。2001年，迁建到沙家浜景区，更名为沙家浜革命历史纪念馆。2006年，扩建了新馆。新馆占地6400多平方米，建筑面积4492平方米。展示采用历史图片、仿真环境、实物展出、半景画、声光电等现代艺术手法，紧扣爱国主义教育和革命传统教育两大主题，主要展示了沙家浜的革命历史、新四军在这里开展抗日游击战的战斗历程、后方医院伤病员养伤的情况、京剧《沙家浜》的诞生历程和沙家浜部队（新江抗）的发展历史等情况。沙家浜革命历史纪念馆于2001年被中共中央宣传部公布为全国爱国主义教育示范基地；2005年被全国红色旅游工作协调小组公布为全国红色旅游经典景区；2009年被江苏省纪委公布为江苏省廉政教育基地，被国家国防教育办公室公布为国家国防教育示范基地；2013年被国家旅游局公布为国家AAAAA级旅游景区。

“鱼水情”蜡像场景

新四军联抗烈士陵园

★ 位于江苏省南通市海安县墩头镇千步村

新四军联抗烈士陵园表门

1940年10月，新四军在苏中地区执行党的抗日民族统一战线政策，稳定江淮抗战局面，团结各地方武装共同抗日。经中共中央同意，在陈毅同志的精心策划下，由中共地下党员、国民党政府军事委员会中将设计委员黄逸峰出面，于10月10日在曲塘镇组建联合抗日部队并出任司令，其全称为鲁苏皖边区游击总指挥部直属纵队、鲁苏战区苏北游击指挥部第三纵队司令部，简称联抗部队。联抗部队主要活动在兴（化）东（台）泰（州）地区。1944年10月，联抗部队撤销编制，升为新四军主力的战斗序列。在短短的四年中，联抗部队在共产党领导下，团结各类武装力量，共同抗日，开辟了兴（化）、东（台）、泰（州）特区，建立了人民政权。联抗部队先后作战20多次，歼敌1个团2个营4个连，俘敌一千多名，为夺取抗日战争胜利作出了重要贡献。联抗烈士陵园是原联抗司令部和紫石县政府为了纪念在抗日战争中为国捐躯的161位革命烈士于1944年而建的。后经改建，陵园现占地面积33300平方米，建筑面积2600余平方米。主要纪念建筑物有：表门、烈士纪念碑、新四军联抗纪念馆、烈士墓、黄逸峰同志骨灰安葬处、联抗书画馆、逸峰阁等。新四军联抗烈士陵园于2002年被江苏省人民政府公布为江苏省重点文物保护单位；2007年被国家旅游局公布为国家AA级旅游景区；2008年被江苏省人民政府公布为江苏省重点烈士纪念建筑物保护单位。

新四军联抗烈士群墓

新四军联抗纪念馆内

侵华日军向新四军投降处旧址

抗日战争最后一役纪念馆内

侵华日军向新四军投降处旧址

★ 位于江苏省高邮市熙和巷70号

侵华日军向新四军投降处旧址始建于民国十九年（1930年），原是一座中西合璧式做礼拜用的“礼堂”，俗称“公园礼堂”，建筑物内部高为7米，建筑面积有545平方米。1939年10月2日，日军侵占高邮后，这里变成了司令部驻地，被老百姓称为“洪部”。1945年12月19日至26日发动的高邮战役，是在日本帝国主义宣布投降4个多月、日本政府及中国战区侵华日军签署投降书3个多月后，新四军通过激烈战斗全歼拒降之敌、战果辉煌的一次重大战役。这次战役迫使日、伪军于12月26日凌晨缴械投降，在日军“洪部”（“公园礼堂”）举行驻高邮日军受降仪式。遵照粟裕的指示，受降仪式由新四军第8纵队政治部主任韩念龙主持，被日军盘踞6年之久的高邮城终于获得解放。高邮战役作为中共抗战史上浓墨重彩的经典战役，是新四军对日作战的最后一役，也是全国对日作战的最后一役；高邮成为我军从日军手中解放的最后一座城市，并且是全国范围内歼敌最多的两县市之一；在高邮举行的受降仪式是日寇向新四军投降规模最大的一次仪式。鉴于高邮战役为抗日战争最后一役的重要意义，以及“公园礼堂”作为侵华日军向新四军投降处旧址的特殊纪念意义，2014年7月在旧址内修建了“抗日战争最后一役纪念馆”，同年12月26日正式开馆。该纪念馆内部陈展面积达500平方米，分为战前形势、运筹帷幄、战役过程、受降仪式、制胜法宝、战役意义六个展厅，以照片、实物、油画、场景、微电影等形式展示了高邮战役全过程。侵华日军向新四军投降处旧址于2010年被高邮市政府公布为高邮市文物保护单位。

受降仪式场景

泰州市革命烈士纪念馆

革命烈士纪念塔

泰州市革命烈士纪念馆内

泰州市烈士陵园

★ 位于江苏省泰州市海陵区迎春西路115号

1939年2月，中共中央确定了新四军“向南巩固、向东作战、向北发展”的战略方针。陈毅、粟裕率领新四军一部东进苏中，在泰州地区有效遏制了国民党顽固派的反动势力，重建了党的组织，建立了以黄桥为中心的抗日根据地，组成了最广泛的抗日民族统一战线。“陈毅三进泰州城”，成为我党统战工作的光辉典范，也为新四军东进抗日、发展壮大奠定了基础。作为中间派的鲁苏皖边区游击总指挥李明扬部，以国家民族利益为重，与新四军结下了深厚的友谊。英勇的泰州儿女前仆后继、不怕牺牲，抗击日军，仅1941年至1943年，新四军第1师和泰州抗日根据地军民与日、伪军就进行了数百次大小战斗。1941年3月，日、伪军集中2000人的兵力扫荡里下河，企图一举歼灭泰州地区的抗日力量。鲁苏皖边区游击总指挥部第4纵队少将司令陈中柱率部与日军发生激战，战斗中，陈中柱将军为国捐躯。为纪念泰州地区抗战时期及其他革命时期牺牲的革命烈士，泰州市烈士陵园于1951年兴建，占地面积64亩，建筑面积近10000平方米，主要设施有：纪念广场、纪念塔、烈士墓区、陈列馆等。陈毅元帅为纪念塔题写“革命烈士纪念塔”塔名。纪念馆展陈面积7000平方米，陈展有黄桥根据地的创建发展、统战工作的开展、抗日战争时期烈士牺牲名录等内容。泰州市烈士陵园于1997年被江苏省委宣传部公布为江苏省爱国主义教育基地；2004年9月被江苏省全民国防教育委员会公布为江苏省全民国防教育示范基地；2012年11月被江苏省住房和城乡建设厅公布为江苏省园林式单位；2013年3月被江苏省人民政府公布为江苏省重点烈士纪念设施保护单位；2013年10月被江苏省档案局公布为江苏省档案管理三星级单位；2015年1月被民政部公布为全国文明优抚事业单位。

泗洪县革命烈士陵园

★ 位于江苏省宿迁市泗洪县青阳镇山河路12号

泗洪是革命老区，地处淮北苏皖边区，战略地位十分重要。早在1928年中国共产党就在这里开展革命活动。抗日战争期间，这里曾是淮北抗日民主根据地的中心，是全国19个抗日民主根据地之一，是淮北区党委、新四军第4师师部和淮北行政公署所在地，也是敌我双方争夺的重点地区。为纪念张爱萍、刘瑞龙、彭雪枫、邓子恢、江上青等老一辈无产阶级革命家和淮北党政军民浴血奋战的事迹，1954年，泗洪县委、县政府拓地500余亩兴建泗洪烈士陵园，陵园建筑面积21600平方米。园内主要建筑物有革命烈士纪念碑、革命烈士纪念馆、淮北抗日民主根据地纪念馆、英烈碑廊、纪念碑亭、烈士墓区等。烈士墓区共安葬186名烈士，其中有为建立皖东北抗日民族统一战线而牺牲的中共皖东北特支书记江上青烈士。革命烈士纪念馆建于2002年，建筑面积2600平方米，陈展面积4000平方米。陈列着彭雪枫、江上青、喻尊霞等抗日战争时期的烈士生平事迹，及抗日战争时期发生在泗洪地区的一些著名战斗经过陈展。淮北抗日民主根据地纪念馆2011年建成，建筑面积2450平方米，是我国第一座全面反映淮北抗日民主根据地党政军民团结抗战历史的专题纪念馆。馆内以1000多幅历史照片和300多件革命文物及场景复原等，形象生动地再现了老一辈革命家从1937年7月至1945年9月间，领导淮北地区人民英勇斗争的光辉历史和经历的艰苦岁月，展示了广大新四军指战员忠诚坚贞、勇往直前的精神风貌。泗洪县革命烈士陵园于1997年被江苏省委宣传部公布为江苏省爱国主义教育基地；2008年被国家旅游局公布为国家AA级旅游景区；2009年被民政部公布为全国重点烈士纪念建筑物保护单位；2012年被国家国防教育办公室公布为国家国防教育示范基地。

泗洪烈士陵园正门

革命烈士纪念碑

淮北抗日民主根据地纪念馆

淮北抗日民主根据地纪念馆内

侵浙日军投降仪式旧址和千人坑遗址

★ 位于浙江省杭州市富阳区银湖街道受降村

千人坑遗址

受降厅外景

1937年12月24日，日军入侵浙江富阳，日军第22师团35联队第3大队驻扎宋殿村(今属受降村)。之后，宋殿村作为侵华日军的一个重要据点，成为日军设在富阳的一个杀人魔窟。日军在宋殿大肆修筑防御工事，在沦陷区实行法西斯统治，烧杀淫掠，无恶不作。在村南挖坑，把无辜遭到杀害的数以千计的中国民众尸体抛在坑里，被称作“千人坑”。在千人坑遗址矗立“千人坑遗址”纪念碑。1945年8月15日，日本战败无条件投降，宋殿村被指定为中国政府浙江战区接受侵浙日军投降地点。9月4日，中方代表在宋殿村原宋作梅家接受了侵浙日军的投降，宋作梅家的厅堂被称为受降厅。为纪念侵浙日军投降这段历史，1950年，富阳县将宋殿村所在地长新乡更名为受降乡。1995年，为纪念抗日战争胜利五十周年，中共富阳市委、市政府拨款修复受降厅，面积总计440多平方米，坐北朝南，泥石木结构，重檐亭式房屋。展厅分“侵华暴行，铁证如山”、“抗日烽火，烧遍全国”、“欢庆胜利，严惩战犯”三个部分，陈列展出了近200幅历史照片、图片和当年受降仪式现场的部分实物，用生动直观的形式展示了日本军国主义的侵华暴行，表现了中华民族不屈不挠反抗侵略的斗争精神和取得的伟大胜利。从2014年开始，富阳按照省委省政府部署，着力推进侵浙日军投降仪式旧址和千人坑遗址改扩建项目。该项目暂名为“浙江抗日战争胜利受降纪念馆”，拟定位为浙江省级抗战胜利主题纪念馆。其展陈内容以“浙江抗战胜利受降”为主题，主要反映浙江抗战历史中的重大事件，全面介绍全国各战区受降情况，重点反映浙江受降。该项目总占地面积1.9公顷，其中一期纪念馆用地4242平方米，建筑面积2500平方米，2015年8月底前完成建设并开馆使用。侵浙日军投降仪式旧址和千人坑遗址于1997年被浙江省人民政府公布为浙江省重点文物保护单位；1998年被浙江省委宣传部公布为浙江省爱国主义教育基地；2005年被中共中央宣传部公布为全国爱国主义教育示范基地。

宁波樟村四明山烈士陵园全景

鄞州革命烈士纪念馆

宁波樟村四明山烈士陵园

★ 位于浙江省宁波市鄞州区章水镇振兴中路66号

四明山坐落于浙江省宁波市西部，地形复杂。抗战时期，这里曾是全国十九块革命根据地之一。1944年12月，“四明特办”和新四军浙东游击队，为了悼念李敏、徐婴、陈晓云等12位在抗日战斗中牺牲的烈士，组织党政军民在四明山地区的樟村召开追悼大会，并将烈士安葬在樟村。1951年，为缅怀革命先烈、弘扬革命传统，鄞县政府决定建设四明山革命烈士陵园，并多次整修扩建。2009年，宁波樟村四明山烈士陵园再次扩建，2011年3月底全面竣工，现主要由纪念塔、鄞州革命烈士纪念馆、室外兵器陈列、群雕、烈士墓地等建筑组成。总占地面积101407平方米，建筑面积6200多平方米，其中鄞州革命烈士纪念馆建筑面积为3519平方米，设有五大展厅和序、尾厅，通过雕塑、实物、图片、模型等多种表现形式和声光电等多种科技手段，反映百年来革命先烈英勇奋斗的历史。宁波樟村四明山烈士陵园于1963年被浙江省人民委员会公布为浙江省重点文物保护单位；2001年被中共中央宣传部公布为全国爱国主义教育示范基地；2002年被浙江省人民政府公布为浙江省重点烈士纪念建筑物保护单位；2013年被中共浙江省委党史研究室公布为浙江省党史教育基地。

鄞州革命烈士纪念馆内

新四军江北指挥部纪念馆

★ 位于安徽省合肥市庐江县汤池镇松元村

新四军江北指挥部纪念馆正门

新四军江北指挥部组建于1939年5月，至1941年2月结束，在中原局和刘少奇同志的领导下，统一指挥江北部队开展华中抗日战争和华中抗日根据地建设。江北部队在战斗中发展壮大，由初建时的7000余人发展到2万人，进行大小战斗200多次，歼灭日、伪军9000余人，取得了反“扫荡”、反摩擦斗争的胜利，创建和巩固了皖东抗日根据地。对华中抗战，实现发展华中的战略决策，作出了重大贡献。为了缅怀先辈的革命业绩，继承和发扬新四军的光荣传统和革命精神，对青少年进行革命传统和爱国主义教育，1994年庐江县修建了新四军江北指挥部纪念馆。纪念馆有各类建筑22间，占地面积10亩，建筑面积4000余平方米，陈展面积260平方米。陈展内容主要包括“日军侵华暴行”、“抗战中坚新四军”、“四支队东进抗日”、“江北游击纵队坚持皖中”、“新四军江北指挥部”等等，是新四军江北指挥部真实历史面貌的生动写照，热情讴歌了江北指挥部将士不畏艰难困苦、不怕流血牺牲的伟大的革命精神。新四军江北指挥部纪念馆于2007年被中共安徽省委、省政府公布为安徽省爱国主义教育基地。

新四军江北指挥部纪念碑

新四军江北指挥部纪念馆英雄塑像

戴安澜烈士墓

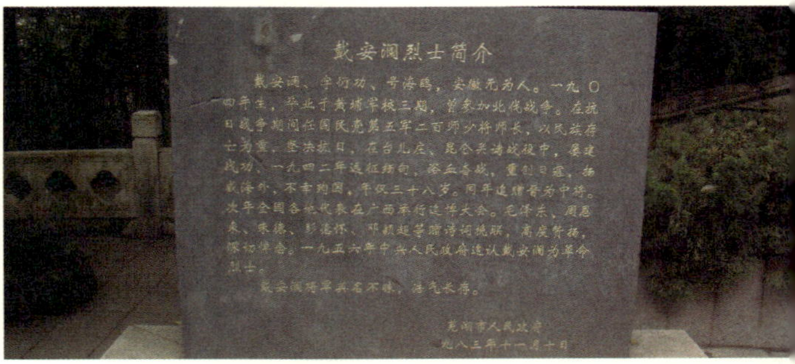

戴安澜烈士墓碑文

戴安澜烈士墓

★ 位于安徽省芜湖市镜湖区赭山公园

戴安澜（1904—1942），又名衍功，号海鸥，安徽无为人。1926年1月，毕业于黄埔军校第3期。毕业后，历任排长、连长、营长、团长。1937年，升任第73旅旅长。1938年3月，参加台儿庄战役，因战功卓著得华胄勋章1枚。1939年，升任第5军200师师长。1939年冬，在收复昆仑关战斗中，戴安澜率部击毙日军旅团长中村正雄。1940年1月，戴安澜所部在坚守昆仑关战斗中，毙敌百余人，毁敌坦克2辆、炮4门，缴获枪械百余支。戴安澜在战斗中身负重伤，因战功突出，被国民政府颁授四等宝鼎勋章1枚。1942年，国民政府军事委员会组建中国远征军部队，戴安澜奉命率部赴缅甸作战。3月，在同古保卫战中，坚守12天，打退了日军20多次冲锋，歼灭日军4000多人，俘敌400多人。5月18日，戴安澜所部在郎科地区遭到日军伏击，双方发生混战。戴安澜亲临前线指挥，身负重伤，26日下午，在缅甸北部茅邦村牺牲。后被追晋为陆军中将。1956年，戴安澜被中央人民政府追认为革命烈士；2009年被评为“100位为新中国成立作出突出贡献的英雄模范人物”。戴安澜初葬贵阳，1947年，迁葬芜湖小赭山。1956年，芜湖市人民政府建造戴安澜烈士墓。1978年，修墓竖碑。2002年，扩建墓地。2007年，戴安澜将军全身塑像在墓地落成。现占地面积336平方米。墓地地面铺设花岗岩蘑菇石，立有汉白玉护栏，上下两座瞻仰台。墓碑高1.2米、宽0.6米，镌刻王昆仑所题行书“戴安澜烈士墓”。右侧石碑介绍将军生平简历，左侧石碑镌刻毛泽东挽诗、周恩来挽词、朱德和彭德怀挽联、邓颖超挽词。戴安澜烈士墓于2001年被芜湖市政府公布为芜湖市重点文物保护单位。

戴安澜将军塑像

藕塘烈士陵园

★ 位于安徽省滁州市定远县藕塘镇塔山

藕塘烈士陵园全景

人民英雄纪念碑

烈士墓群

1939年初，新四军第4支队为抗日救国，挺进皖东藕塘地区，开辟敌后战场，创建了以藕塘为中心的淮南（时称皖东）津浦路西抗日游击根据地。1939年11月底，中原局书记刘少奇亲临定远，坐镇藕塘，直接指挥皖东乃至华中地区广大军民与强敌作战，不断夺取胜利，扭转了皖东我军的被动局面。藕塘一度成为华中地区政治、军事的指挥中心。为旌表先烈，昭示后人，1942年5月召开的路西参议会第一届第二次会议，通过了关于在藕塘建立革命烈士陵园的决定。1944年9月，建成抗日烈士纪念塔，并立碑以志。1946年5月，陵园被炸毁、拆除。1964年，经安徽省人民政府拨款原址重建，园区占地面积约40亩，园中的革命纪念馆于1978年建成，占地面积360平方米，陈展面积300平方米。2011年，藕塘烈士陵园迁址重建，新址占地面积390亩，园内主要设施有人民英雄纪念碑，碑身高度19.39米，代表1939年刘少奇在定远主持召开中原局会议，促进了定远县抗日民主政府的建立；碑身两面沿用毛泽东手书体“人民英雄永垂不朽”八个大字。纪念碑北面扇形区域为烈士墓群，排列着277座花岗岩墓碑。踏血亭、挺进亭位于悼念广场两侧。革命展览馆建筑面积4053平方米，陈展介绍抗日战争时期老一辈革命家在藕塘地区的活动以及根据地军民对敌斗争情况。藕塘烈士陵园于1989年被安徽省人民政府公布为安徽省重点烈士纪念建筑物保护单位；1995年被安徽省委、省政府公布为安徽省爱国主义教育基地；2004年被安徽省人民政府、安徽省军区公布为安徽省国防教育基地；2005年被全国红色旅游工作协调小组公布为全国红色旅游经典景区。

宿州烈士陵园

★ **位于安徽省宿州市埇桥区雪枫路1号**

1938年5月，日军占领宿城，原宿县的广大地区沦入敌手。津浦沿线及宿县境内大小据点的日伪军以宿城东关外的“小东京”为大本营，勾结地方地主、恶霸、土匪等，对沦陷区人民进行残暴统治。宿县人民在地方党组织和彭雪枫将军率领的新四军4师的领导下，和日本侵略者展开了浴血奋战，经过近八年的艰苦抗战，终于取得了最后胜利。为缅怀抗日民族英雄彭雪枫将军以及自新民主主义革命以来宿县牺牲的革命烈士，烈士陵园于1951年开始建设，1959年建成对外开放。陵园占地面积164.5亩，有彭雪枫汉白玉塑像、革命烈士纪念碑、彭雪枫纪念馆等。彭雪枫将军汉白玉塑像高8米。彭雪枫纪念馆于1983年开始建设，1984年投入使用，建筑面积1100多平方米，由张爱萍将军题写馆名。纪念馆分为三个展厅，中厅为雪枫同志生平业绩陈列馆，展出珍贵的历史图片和文物资料，全面介绍了彭雪枫同志光辉战斗的一生；东厅为淮海战役纪念厅，西厅为宿州市自新民主主义革命以来牺牲的革命烈士事迹展厅。革命烈士纪念碑原建于1956年。1973年重建，高26.7米，基座长宽各为44米，陈毅元帅题写“革命先烈永垂不朽”碑名。2004年，扩建了碑前广场约3000平方米，2012年底开工建设宿州市烈士墓园，紧邻西厅，占地7000平方米，2014年11月底建成，安放烈士352名。宿州烈士陵园于1989年被安徽省人民政府公布为安徽省重点烈士纪念建筑物保护单位；1995年被民政部公布为全国爱国主义教育基地；2009年被民政部公布为全国重点烈士纪念建筑物保护单位。

宿州烈士陵园正门

彭雪枫将军塑像

彭雪枫纪念馆

永安抗战旧址群

★ 位于福建省永安市

福建省国民政府办公旧址永安文庙

抗日战争时期，永安曾作为福建省的战时省会达七年半之久（1938年8月—1945年5月）。当时，随省政府内迁永安的政府机关、军警机构、金融单位、大中专学校以及学术研究机构和团体多达一百多个，一批共产党人、爱国进步文化人士也相继汇聚永安，他们以笔作为武器，开展了轰轰烈烈的进步文化活动，推动抗日救亡运动。战时的永安，有9个出版社、19家印刷所、15家书店，先后出版了13种报纸、129种期刊、700多种图书，为繁荣东南文化推动全面抗战，作出了巨大的贡献。“永安抗战旧址群”包括福建省国民政府办公旧址永安文庙、国民党台湾党部旧址复兴堡、福建省国民政府卫生处旧址萃园、福建省高等法院旧址上新厝、最高法院闽浙赣分庭旧址材排厝、福建省教育厅职员旧址棋盘厝、福建省高等检察署旧址团和厝、福建省交通驿运管理处旧址大夫第、福建省教育厅长郑贞文居住旧址燃藜堂、革命烈士羊枣被捕处渡头宅、国民党台湾党部委员林鋆居住旧址刘氏祖屋、福建省教育厅办公旧址刘氏宗祠等12处旧址，分布在市区、文龙村和吉山村三个地方，建筑占地面积约30000平方米。2005年，将吉山挹秀楼开辟成永安抗战文化名人馆，以图片、文字和实物的形式介绍了在抗战时期为永安的抗战事业作出贡献的45位名人，同时还整修了22座抗战遗址及古民居；2014年，对永安文庙进行第八次大规模修缮，设立了抗战进步文化陈列馆，展出了大量的抗战文字、图片和实物。永安抗战旧址群于2013年被国务院公布为全国重点文物保护单位。

国民党中央直属台湾党部旧址复兴堡全景

福建省教育厅办公旧址刘氏宗祠全景

昌新四军军部旧址陈列馆全景

叶挺办公室

南昌新四军军部旧址陈列馆内

南昌新四军军部旧址陈列馆

★ 位于江西省南昌市西湖区友竹路7号

南昌新四军军部旧址原为北洋军阀张勋公馆，建于1915年，内有两栋两层楼的楼房和一栋平房，属中西合璧砖木结构的建筑。1938年1月至1939年3月，为新四军军部、中共中央东南分局、中共中央军委新四军分会和新四军驻赣办事处所在地。1938年1月6日，新四军军部从汉口移驻南昌，在此正式对外办公。军部在南昌期间，主要任务是指导南方八省红军、游击队改编为新四军，北上抗日。军部在南昌确定了新四军的主要领导人，机构设置初具雏形，直接指挥了新四军4个支队的组建和集结工作。南昌因此成为新四军的诞生地。旧址还是中共中央东南分局和新四军驻赣办事处的所在地。1938年1月6日，东南分局和新四军驻赣办事处同时在南昌成立；同年4月4日，军部离开南昌，中共中央东南分局和新四军驻赣办事处从东书院街的危家大屋移驻于此，继续坚持工作，直到1939年3月南昌沦陷前夕才撤离。新四军军部、中共中央东南分局、中共中央军委新四军分会和新四军驻赣办事处在南昌期间，广泛开展抗日民族统一战线和抗日救亡活动，恢复和发展党的基层组织，输送大批青年奔赴抗日前线，使南昌变成了南方的延安。1987年，为纪念南昌新四军军部成立50周年，江西省委、省政府和南昌市委、市政府决定按照原貌恢复整修旧址。1988年，建成南昌新四军军部旧址陈列馆。2009年5月，南昌新四军军部旧址陈列馆进行了改扩建，占地面积373300平方米，建筑面积11600平方米，改扩建后的陈列馆由旧址保护区、陈列展示区、纪念广场区三部分组成。陈列馆展厅面积为3000平方米，全面展示了新四军改编、组建、发展和浴血抗战的光辉历程。南昌新四军军部旧址于2006年被国务院公布为全国重点文物保护单位；南昌新四军军部旧址陈列馆于2001年被江西省委、省政府公布为江西省爱国主义教育基地；2007年被江西省人民政府公布为江西省国防教育基地；2014年被国家旅游局公布为国家AAAA级旅游景区。

万家岭大捷纪念园

★ 位于江西省九江市德安县翰林路

万家岭大捷纪念园正门

万家岭在九江市德安县磨溪乡境内，统指曙光村、南田村、五星村、新田村、磨溪村境内的一群高低起伏的山脉，其中大小金山、扁担山、尖山、张古山、刘鞔鼓、野鸡垄是当时的主战场。1938年，夏武汉会战爆发，日军兵分三路进攻武汉，其中南路日军被国民党将领薛岳阻挡在南昌至九江120公里的铁路线上。在长达两个月的时间里，两军一直呈僵持状态，南路日军派兵四处侦察寻找战机，于9月下旬，日军106师团在师团长松浦淳六郎的指挥下，从九江马回岭经德安磨溪企图穿插至永修前往武汉。日军的企图被薛岳部队发现，薛岳紧急调动兵力布防，形成口袋阵，待敌军钻入。9月28日，万家岭战役打响，双方战斗至10月10日下半夜，松浦淳六郎率残部仓皇逃窜，师团一万余人被歼灭，106师团彻底失去战斗力。万家岭战役是武汉会战中在赣北战场上的一次大捷，是抗日战争初期正面战场上继台儿庄战役胜利之后的又一次胜利，以战场上的速决战换取了战略上的持久战，鼓舞了中国人民抗战的士气。为纪念万家岭大捷，弘扬爱国主义精神，2012年，德安县政府在河东上畈新城修建了万家岭“大捷纪念园”。纪念园占地面积8.5万平方米，主要设施有万家岭大捷纪念碑、将士墙、陈列馆、雕塑等。陈列馆建筑面积400平方米，陈展面积300平方米，陈列介绍了万家岭大捷的战役过程及战役中使用的各种武器等。

万家岭大捷纪念碑

陈列馆

马垱炮台

防空掩体

马垱炮台遗址

★ 位于江西省九江市彭泽县马垱镇马垱山

马垱炮台位于江西省彭泽县马垱镇东北之马垱山，山形如马，横枕长江，地势险要，是赣北扼守长江一道屏障，自古即为兵家必争之地。马垱炮台始建于鸦片战争时期，抗日战争中马垱炮台处在保卫武汉的前沿阵地。为阻止日军沿江西进，国民政府筑建长江阻塞工事，将马垱列为长江三大军事要塞之一，投入大量的人力、物力和财力，建筑材料累以数万吨计，无偿征用大小船只千余艘，满载石块，凿通船底，沉入马垱江域。并在马垱至对岸之粮洲（今棉船镇）狭窄处，沉入以铁链相连接之钢筋水泥柱墩，布设水雷于江中。整个江防工程起迄约20公里，共三道，耗时半年。为守马垱，国民党军事委员会设立马垱守备区，第16军军长李韫珩为指挥官，马垱要塞作为整个防御体系的核心，炮台和封锁线布兵5个营，共设各类大炮13门。1938年6月26日，日军在海陆空军协同攻击下，突破外围防线，围攻马垱炮台，中国守备官兵顽强作战，击沉日舰两艘，多次打退日军进攻。日军在久攻不克的情况下施放瓦斯，三百余国军勇士浴血奋战三昼夜，壮烈牺牲，炮台失守。马垱炮台遗址占地6000平方米，现存炮基2座，防空掩体2处，战壕150余米。马垱炮台是集古代历史文化、近代革命文化、现代军事文化于一体的红色文物遗存。马垱炮台遗址于1987年被江西省人民政府公布为江西省重点文物保护单位。

省级文物保护单位石碑

淄博市革命烈士陵园

烈士纪念碑

★ 位于山东省淄博市周村区南郊镇大埠山

淄博市革命烈士陵园前身是周村革命烈士陵园，始建于1948年3月。为纪念全市在各历史时期，特别是以“一马三司令”为代表的抗日战争时期牺牲的烈士，1999年迁建于周村城区东南郊的大埠山。2000年3月，被市政府正式批准更名为淄博市革命烈士陵园。陵园占地百余亩，主要纪念建筑物有：烈士纪念碑、纪念馆、烈士墓区、“浩气常存”碑亭、南疆烈士碑亭、悼念广场、“为了明天”雕塑等。园内安葬着鲁中地区著名抗日英雄马耀南、马晓云、马天民三兄弟，烈士墓东侧是徐向前元帅为“一马三司令”的题词。马耀南，1937年12月，同姚仲明、廖容标、赵明新同志一起领导了著名的黑铁山抗日武装起义，创建了抗日根据地，后担任八路军山东人民抗日游击第三支队司令员，1939年7月22日，在桓台县牛王庄战斗中突围时不幸中弹牺牲。1939年10月13日，马耀南的弟弟马天民前往长山县城西大辛庄为部队起枪，由于叛徒出卖，被日伪军包围，14日晨突围时身中数弹，壮烈牺牲，年仅29岁。1944年8月10日，马耀南的弟弟马晓云在攻打青城县王家庄日伪据点时，因炸药被敌人炮弹击中，壮烈牺牲，年仅38岁。淄博市革命烈士陵园于1988年被山东省人民政府公布为山东省重点烈士纪念建筑物保护单位；2005年11月被中共山东省委宣传部公布为山东省爱国主义教育基地；2007年6月被中共山东省委组织部公布为山东省党员教育基地；2009年被民政部公布为全国重点烈士纪念建筑物保护单位。

淄博市烈士陵园全景

淄博市烈士陵园正门

路军抱犊崮抗日纪念园全景

将军雕像

八路军第115师抗日纪念馆内

八路军抱犊崮抗日纪念园

★ 位于山东省枣庄市山亭区北庄镇双山涧村

鲁南抱犊崮山区，背靠群山，面临徐海，进退自如，易守难攻，历来为兵家必争之地。1938年2月，毛泽东同志就战略性地提出：“八路军第115师全部向东出动，转入山东境内，并以鲁南山区为指挥根据地，发展至徐海南北”。1939年6月，毛泽东致电八路军总部：“在日军扫荡后，鲁南局面混乱，省政府秦（启荣）部及东北军损失很大，我应趁机会将115师师部及686团和萧华（纵队）一部开赴鲁南。”根据中央指示，1939年9月，代师长陈光、政委罗荣桓带领八路军第115师司令部及主力686团东进驻扎在抱犊崮山区，很快建立了以抱犊崮为中心的鲁南抗日根据地。罗荣桓元帅确立了“以抱犊崮为中心，向北向西连接大块山区，向南向东南发展大块平原”的战略思想并顺利实施。抱犊崮抗日根据地成为鲁南第一个县级红色政权诞生地、八路军第115师鲁南司令部所在地、罗荣桓著名的“翻边战术”孕育地、指导山东抗战“六字方针”的制定地、华东至太行山以致延安的红色通道，是敌人闻风丧胆的铁道游击队的根据地和指挥部。2011年，山亭区政府在旧址的基础上建设八路军抱犊崮抗日纪念园。纪念园规划面积300亩，建筑面积6600平方米，建有八路军抱犊崮抗日纪念馆、八路军第115师政治部、八路军第115师司令部、王麓水纪念馆、鲁南军区、鲁南区党委、鲁南行署、抗日夜校、军粮作坊、枪械所、八路军被服厂、八路军食堂、抱犊崮剧社、战地卫生室等14个展室及纪念广场、练兵场等设施。展现了当年八路军在抱犊崮山区艰苦抗战，最后取得抗日战争伟大胜利的真情实貌。八路军抱犊崮抗日根据地遗址于2011年被全国红色旅游工作协调小组公布为全国红色旅游经典景区。八路军抱犊崮抗日纪念园于2014年被国家旅游局公布为国家AAA级旅游景区，被山东省人民政府公布为山东省国防教育基地。

梁山歼灭战遗址

革命烈士纪念塔

梁山抗日纪念馆远景

梁山歼灭战遗址纪念园

★ 位于山东省济宁市梁山县水泊街道独山村

梁山县位于山东省西南部，是革命老区，在抗日战争时期曾发生过梁山歼灭战（又称独山战斗）、祝庄战斗等著名战斗。梁山歼灭战是八路军在平原地区敌我兵力基本相等的情况下，以劣势装备战胜敌之优势装备的一次模范战例。1939年3月，八路军第115师主力部队到达鲁西地区开展革命斗争。8月2日至3日，八路军第115师由代师长陈光、政委罗荣桓、杨勇旅长指挥，在梁山独山村围歼了日军第32师团长田敏江少佐率领的一个精锐大队（日、伪军约400余人）。这次战斗共毙敌300余人，俘虏日军士兵24人，日军指挥官长田敏江少佐也被击毙，俘获了大量战利品。这次战斗打击了日军的嚣张气焰，极大地鼓舞了广大群众抗战必胜的信心，并作为模范战例受到八路军总部的表扬。梁山歼灭战遗址纪念园包括梁山抗日纪念馆和梁山革命烈士陵园两部分。梁山抗日纪念馆建于2012年，由迟浩田上将题写馆名。馆区占地约7500平方米，分八个章节对梁山歼灭战整个过程进行了详细的介绍，保存有缴获的日军战刀、头盔、腰带和八路军战士部分遗物等。梁山革命烈士陵园建于1955年，占地面积41亩，主要纪念设施有革命烈士纪念塔、烈士纪念馆、梁山战斗纪念碑、晋冀鲁豫边区参议员杨静斋烈士碑、张秋县殉难烈士纪念为碑、烈士墓区等，安葬着816位烈士。为继续挖掘梁山歼灭战红色文化资源，弘扬八路军将士的抗战功绩，2014年11月梁山县委决定扩建梁山歼灭战纪念园，恢复独山山体，重建115师指挥所和全歼日军的车马店、石灰窑等。梁山革命烈士陵园于1990年被山东省政府公布为山东省重点烈士纪念建筑物保护单位。梁山歼灭战遗址于2015年被山东省政府公布为山东省重点文物保护单位。

岱岳烈士陵园正门

抗日烈士公墓

泰安市岱岳烈士陵园

★ 位于山东省泰安市岱岳区祝阳镇陈良村

岱岳区作为革命老区，是山东省抗日烽火的发源地，发生过著名的徂徕山抗日武装起义和泰西抗日武装起义。1937年，“七七”事变后，日本疯狂发动了全面侵华战争。1938年1月1日，中共山东省委组织开展徂徕山和泰西抗日武装起义，创建抗日根据地，岱岳区人民积极支持参与抗战活动。抗日战争时期，全区有1140名优秀儿女为国捐躯。为缅怀徂徕山抗日武装起义和泰西抗日武装起义等战斗中牺牲的烈士，1946年7月，原中共泰安县委、县政府在岱岳区祝阳镇规划修建了抗日烈士陵园。当时有纪念牌坊一座，石碑两方，烈士墓348座。近年来岱岳烈士陵园进行了改扩建工程，现占地面积50亩，主要纪念设施有纪念碑、浮雕墙、纪念牌坊、烈士墓区、展览馆等。烈士墓区现有烈士墓800余座。展览馆建筑面积600平方米，展览面积1500平方米，陈展介绍了徂徕山和泰西抗日武装起义等历史事件及日、伪军残酷统治相关遗物，岱岳区著名革命烈士事迹、照片和遗物等。泰安市岱岳烈士陵园于2015年被山东省政府公布为山东省重点烈士纪念建筑物保护单位，被山东省政府公布为山东省文物保护单位。

烈士墓区

肥城烈士陵园

★ 位于山东省肥城市安临站镇东陆房村凤凰山

肥城市地处泰山以西，自古便有“齐鲁必争汶阳田”之说，战略位置重要。抗战时期，著名的陆房突击战曾发生在这里。1939年初，八路军115师在代师长陈光、政委罗荣桓的率领下挺进山东，开辟抗日根据地。1939年3月，八路军115师进入泰西地区，与山东纵队第六支队和八路军津浦支队会合，打开泰西抗日局面。5月10日，八路军115师师部、第686团及鲁西区党委等地方党政机关3000余人，在陆房一带与日军5000余人遭遇，经一天激战，敌人死伤千余人，傍晚东进支队与地方党政人员趁夜幕掩护胜利突围。本次战役，粉碎了敌人的合围图谋，保护了抗日力量，打开了山东抗日战争的新局面。陆房突击战是八路军主力部队到山东之后进行的第一次战役性战斗，是继平型关大捷之后取得的又一次重大胜利。为纪念陆房突围胜利，肥城县于1972年在安临站镇东陆房村凤凰山南麓的陆房战斗遗址上建立了肥城烈士陵园。经过扩建，陵园占地面积达到70亩，主要建筑物有烈士纪念碑、烈士墓区、纪念馆等设施，共安放213名烈士的骨灰，其中陆房战斗无名烈士178人。1989年5月，建成了陆房战斗纪念碑，由原中国人民解放军总参谋长杨得志同志题写碑名。陆房战斗遗址于1977年被山东省人民政府公布为山东省重点文物保护单位；肥城烈士陵园于2005年被山东省委宣传部公布为山东省爱国主义教育基地；2015年被山东省人民政府公布为山东省烈士纪念设施保护单位。

陆房战斗纪念碑

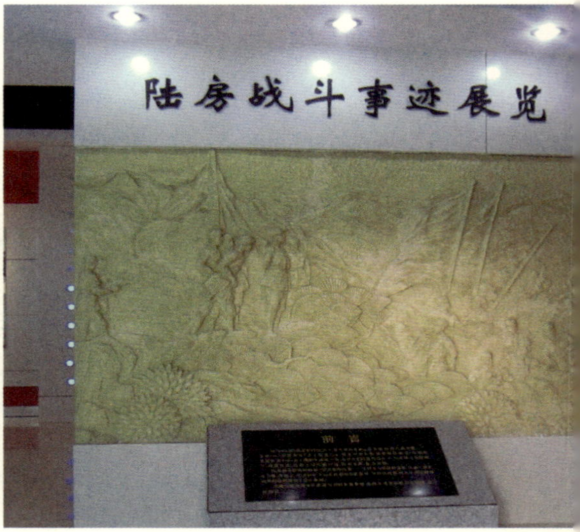

陆房战斗纪念馆内

天福山起义纪念馆

天福山起义旧址

天福山革命遗址

★ 位于山东省威海市文登区文登营镇天福山

天福山古有“天赐福地”之称，故名天福山。抗日战争时期，中共胶东特委在此举行了威震胶东的抗日武装起义——天福山起义。特委书记理琪同志根据北方局的指示，利用天福山的有利地形和周围良好的群众基础，于1937年12月24日，发动了天福山起义，打响了胶东抗日第一枪，创建了胶东人民第一支抗日武装——山东人民抗日救国军第三军，为胶东人民政权的建立奠定了基础。天福山革命遗址占地面积101.8亩，山上现存庙屋5间，有天福山起义时胶东特委临时会议遗址、起义会场旧址、起义时的军旗竖旗地址和红旗亭、起义纪念塔、天福山起义纪念馆等。天福山起义纪念塔高12.24米。天福山起义纪念馆建于1972年12月，建筑面积1020平方米，馆藏文物300多件，展示了中共胶东党组织领导人民进行不屈不挠的革命斗争史。2004年，文登市在天福山革命遗址建设了“文登党史馆”，中央军委原副主席迟浩田题写馆名，建筑面积308平方米。天福山革命遗址于1997年被山东省国防教育委员会公布为国防教育基地先进单位；1998年被山东省人民政府公布为山东省爱国主义教育基地；2009年被中共中央宣传部公布为全国爱国主义教育示范基地；2010年被山东省人民政府公布为山东省国防教育基地；2014年被中共山东省纪委、山东省监察厅公布为山东省廉政教育基地。

天福山起义纪念塔

沂水革命烈士陵园

仙姑顶抗日烈士合葬墓

★ 位于山东省临沂市沂水县沂城街道荷叶官庄村跋山

沂水县地处沂蒙山区腹地，是著名的革命老区，“红嫂”祖秀莲的故乡，沂蒙精神发祥地。1938年，中共中央山东分局和八路军山东总队在沂水王庄成立。抗日战争时期，在沂水大地上曾发生过著名的葛庄战役，仙姑顶、歪头崮、对崮山抗击战以及解放沂水城等战役、战斗30多次，先后有1032人为国捐躯，650余名外籍革命战士血洒沂水大地。1944年8、9月，鲁中军区在葛庄一带设伏，一举歼灭日本侵略军草野清大队300余人，俘虏日军31人，毙伤日伪军1000余人，缴获部分轻重武器及大宗物资。葛庄战役创造了在运动战中歼灭日军一个大队的典范战例，被誉为沂蒙山区的“平型关战役”。为纪念此次战役牺牲烈士的丰功伟绩，1944年12月，沂北县各界民众修建沂北县革命烈士陵园，陵园内安葬葛庄战役牺牲的49名革命烈士。1960年，重建，更名为跋山革命烈士陵园，1990年又更名为“沂水革命烈士陵园”。沂水革命烈士陵园总面积4万多平方米，安葬烈士1422名。其中安葬着葛庄战役、仙崮顶抗击战、解放沂水城牺牲的294名烈士以及抗日名将王德林、师长郑植立等著名抗日英雄。主要建筑有纪念堂、碑亭、革命烈士纪念塔、葛庄战役抗日烈士纪念碑、仙崮顶抗日烈士公墓、抗日烈士墓群等。国务院原副总理张爱萍为陵园题写园名。2014年，沂水县政府建设沂水革命纪念馆。该馆建筑面积2000余平方米，陈展面积1600平方米，馆内共分五个展厅，主要展示葛庄战役、对崮山抗击战、仙崮顶抗击战等沂水抗战史。沂水革命烈士陵园于1990年被山东省人民政府公布为山东省重点烈士纪念建筑物保护单位。

抗日英雄王德林墓

沂水革命烈士陵园正门

山东省政府和八路军115师司令部旧址正门

山东抗日根据地纪念馆

山东省政府和八路军115师司令部旧址

★ 位于山东省临沂市莒南县大店镇中心街128号

抗日战争时期，以沂蒙山区为中心的山东抗日根据地是全国著名的五大根据地之一。1941年，山东抗日根据地进入最困难的时期。中共中央山东分局、山东省临参会、山东省战工会、八路军115师司令部、八路军山东纵队司令部等党政军领导机关，省工、农、青、妇、文群团机关、后勤机关，经济、文化等部门，由鲁中转移到莒南，直至抗战胜利。刘少奇、罗荣桓、朱瑞、黎玉、萧华、谷牧、薛暮桥、舒同等老一辈革命家曾长期在莒南战斗工作过。在长达4年半的时间里，莒南一度是山东抗日根据地的指挥中心和文化中心。1945年8月13日，中国共产党领导下的第一个省政府山东省政府在大店成立。山东省政府暨八路军115师司令部旧址总面积46000平方米，建筑面积12000平方米，现主要有山东省政府旧址、八路军115师司令部旧址、沂蒙红嫂事迹陈列室、山东抗日根据地纪念馆、沂蒙根据地群众工作展馆、曹玉海纪念馆等。现存馆藏文物1200余件，展示珍贵图片10000余张。八路军115师司令部旧址于1996年被国务院公布为全国重点文物保护单位；山东省政府暨八路军115师司令部旧址2005年被中共中央宣传部公布为全国爱国主义教育示范基地；2007年被国家旅游局公布为AAAA级旅游区；2009年被全国妇联公布为全国妇女爱国主义教育基地。

山东抗日根据地纪念馆内

滨海革命烈士陵园

★ 位于山东省临沂市临沭县临沭街道叠翠路1号

滨海革命烈士陵园正门

滨海区位于鲁东南沿海，北起胶济铁路，南到陇海铁路，东濒黄海，西傍沂河。抗日战争时期，与鲁南、鲁中、胶东、渤海并称山东五大战略区。1941年6月，八路军115师师部到达临沭蛟龙湾；1941年至1943年，中共中央山东分局、山东省战工会等机关驻扎于临沭县朱樊村。1942年，为纪念在抗日战争中为国捐躯的烈士，滨海军民建设临沭县革命烈士陵园，1943—1944年在日军“扫荡”中，陵园被日军炸毁2次，惨遭破坏。1968年，陵园迁入现址，临沭人民两次捐款修建；1990年6月更名为滨海革命烈士陵园，国务院原副总理谷牧同志题写园名。滨海革命烈士陵园记录了山东抗日战争时期光辉历史，铭记了“九二二”锄奸救国运动、青口战役、西山前战斗、岌山反“扫荡”、甲子山战役、赣榆战役、海陵反“蚕食”、郯城战役、朱村战斗等一系列战役、战斗，再现了刘少奇、罗荣桓、朱瑞、黎玉、萧华、谷牧及陈毅、粟裕等老一辈无产阶级革命家工作战斗的光辉历程。陵园占地面积184亩，建筑面积3200平方米；园内现有烈士墓569座，烈士名录1216名，无名烈士360位；主要建筑物有：群雕、滨海区革命斗争史陈列馆、刘少奇纪念馆、革命烈士纪念堂、无名革命烈士墓、115师纪念亭、抗日民族英雄纪念碑、革命烈士纪念塔、碑廊等设施。滨海革命烈士陵园于1992年被山东省国防教育委员会公布为山东省国防教育基地；2000年被山东省国防教育委员会公布为山东省国防教育基地先进单位；2001年被山东省人民政府公布为山东省重点烈士纪念建筑物保护单位；2005年被山东省委宣传部公布为山东省爱国主义教育基地。

滨海革命史纪念馆内

抗日民族英雄碑

冀鲁边区革命纪念园全景

冀鲁边区革命纪念馆

冀鲁边区革命纪念馆内

冀鲁边区革命纪念园

★ 位于山东省乐陵市朱集镇旅游路99号

冀鲁边区是抗日战争初期形成的山东六大战略区之一，主要包括当时的乐陵、庆云、陵县、平原、商河、南皮、东光、新海（今黄骅）等24个县，近600万人口。1937年7月15日，华北民众抗日救国会和华北民众抗日救国军在乐陵县旧县镇（现属盐山）宣告成立，成为山东最早的民主抗日武装。1937年10月，救国军占领乐陵，建立乐陵县抗日民主政府。这是冀鲁边区第一个，也是山东省建立最早的抗日民主政府。1938年4月，毛泽东、张闻天、刘少奇发出“在河北、山东平原地区大量发展游击战争”的指示。9月，毛泽东又提出了“派兵去山东”。肖华奉命东进冀鲁边区，于1938年9月27日抵达边区中心乐陵，与先期到达的八路军津浦支队和永兴支队，及31支队改编的平津支队会合，随即调整军政委员会、整编部队、建立健全党政军群团组织，坚持抗日民族统一战线，迅速巩固扩大根据地。在抗战期间，冀鲁边区军民对日伪作战近千次，消灭日伪军数万人，为开创华北敌后抗战新局面、建立山东抗日根据地、促进全国解放作出了突出贡献。为纪念冀鲁边区革命战争时期，特别是抗战时期可歌可泣的革命英烈、英雄事迹，当地兴建了冀鲁边区革命纪念园，1998年10月竣工。2013年4月改扩建，于2014年9月19日正式建成并开馆。纪念馆占地面积186亩，建筑面积25000平方米，包括纪念馆、纪念碑、烈士陵园、纪念广场、文化广场、常大娘展馆（包括常大娘地道）、抗战历史园、抗战雕塑园、爱国主义教育培训基地等设施。纪念馆展陈面积5000平方米，主要展现抗日战争爆发后，冀鲁边区人民在中国共产党领导下，坚持抗日民族统一战线政策，不怕困难、艰苦斗争，为中国抗战事业做出的不可磨灭的贡献。乐陵市烈士陵园于2001年6月被山东省人民政府公布为山东省重点烈士纪念建筑物保护单位；冀鲁边区革命纪念园于2014年10月被山东省政府公布为山东省级国防教育基地。

鲁西北革命烈士陵园

★ 位于山东省聊城市莘县大王寨镇东丈八村

鲁西北革命烈士陵园正门

为纪念在抗日战争中献身于鲁西北人民解放事业的先烈，1945年，冀南行署修建丈八烈士陵园，1946年4月5日清明节竣工。1949年，冀南行署撤销，划归聊城专署。2006年、2013年，聊城市对鲁西北革命烈士陵园进行了改造。2013年10月，陵园更名为“鲁西北革命烈士陵园”。陵园占地面积102亩，由门楼、纪念塔、纪念展室、陈列馆、烈士墓等设施组成。鲁西北革命烈士纪念塔高19.46米，纪念塔镶嵌着936位烈士英名；陈列馆展出鲁西北革命党史和著名烈士照片、日记、电文、书信等遗物陈列；烈士墓中有鲁西北全体党政军民于1945年7月7日敬修的烈士墓群26座，其中有全国著名烈士129师新八旅政委肖永智、鲁西北地委书记张炳元、筑先纵队政治部主任史钦琛等。鲁西北革命烈士陵园于1987年被山东省人民政府公布为山东省重点烈士纪念建筑物保护单位。

革命烈士纪念塔

肖永智、张炳元、史钦琛烈士墓

鲁西南烈士陵园正门

鲁西南革命纪念馆内

鲁西南烈士陵园

★ 位于山东省菏泽市曹县韩集镇曹楼村

抗日战争时期，杨得志率部挺进鲁西南，创建了以曹县为中心的鲁西南抗日根据地，鲁西南地委、专署、军分区机关均设在曹县，成为鲁西南军民抗击日军、反击顽军的军事、政治指挥中心，创造了我党在平原地区没有“青纱帐”掩护的条件下坚守根据地的范例，得到毛泽东主席的高度评价。这里发生过著名的三村斗争、王厂血战等抗日战斗。为纪念在抗日战争中为国捐躯的烈士，1943年冬，在曹县西北部建设了鲁西南烈士陵园。陵园占地面积64亩，主要设施有鲁西南革命纪念馆、鲁西南革命英雄纪念碑、安陵堌堆区、烈士墓区、陵园广场纪念区等，共安葬烈士1万多人，其中有鲁西南军分区司令员朱程，鲁西南专署首任专员刘齐滨，继任专员袁复荣，冀鲁豫军区豫东纵队政委魏克仁等著名烈士。三村抗日联防遗址于1977年12月被山东省人民政府公布为山东省重点文物保护单位；鲁西南烈士陵园于1988年被山东省人民政府公布为山东省重点烈士纪念建筑物保护单位；2006年被山东省人民政府公布为山东省爱国主义教育基地。

鲁西南抗日烈士纪念碑

冀鲁豫边区革命根据地旧址纪念馆

★ 位于河南省濮阳市清丰县双庙乡单拐村

冀鲁豫边区革命根据地旧址纪念馆正门

中共北方局办公室旧址

邓小平旧居室内陈展

冀鲁豫边区革命根据地旧址纪念馆内

冀鲁豫边区位于冀、鲁、豫、皖、苏五省结合部，东至津浦，西邻平汉，南跨陇海，北界德石，是连接华北、华中，联系华东、太行和大后方延安的战略枢纽。抗日战争初期，八路军第115师344旅和第129师部分主力按照中央部署开赴冀鲁豫地区，开展游击战争，消灭牵制了大量日军兵力。为适应形势发展需要，1944年9月至1945年9月，冀鲁豫边区领导同志黄敬、宋任穷等人率领中共中央冀鲁豫分局、冀鲁豫军区司令部机关进驻处于根据地中心地带的清丰县双庙乡单拐村，继续领导边区军民开展根据地建设和抗日斗争，根据地不断发展壮大，辖116个县，人口近2000万。单拐村遂成为冀鲁豫边区的政治军事指挥中心。在此期间，分局和军区领导边区军民开展了整风、大生产、民主民生运动及部队整训工作，决策部署了一系列的攻势作战和战略大反攻。1945年3月，根据中共中央指示，中共中央北方局代理书记邓小平带领北方局机关和从太行、太岳抽调的数百名干部来到冀鲁豫，邓小平和北方局机关就驻扎在单拐村。为弘扬老一辈领导人和冀鲁豫边区军民的抗日功绩，2004年，清丰县政府依托40多处革命旧址，建立了冀鲁豫边区革命根据地旧址纪念馆，占地面积5.6公顷，陈展面积5000平方米。纪念馆内建有7000平方米的纪念广场，3500平方米的停车场和建筑面积2648平方米的展览馆。冀鲁豫边区革命根据地旧址纪念馆于2005年被中共中央宣传部公布为全国爱国主义教育示范基地；冀鲁豫边区革命根据地旧址2006年被国务院公布为全国重点文物保护单位；冀鲁豫边区革命根据地旧址纪念馆于2006年被国家旅游局公布为国家AAA级旅游景区；2011年被全国红色旅游工作协调小组公布为全国红色旅游经典景区。

各军武汉办事处旧址纪念馆外景

周恩来和邓颖超的办公室兼卧室

武汉抗战陈列大厅

八路军武汉办事处旧址纪念馆

★ 位于湖北省武汉市江岸区长春街57号

1937年，抗日战争全面爆发后，国共两党实现第二次合作。为了领导和推动抗日战争，共产党在国民党管辖区建立了公开的办事机构——八路军武汉办事处。八路军武汉办事处于1937年10月经董必武同志筹备建立，办事处先设在汉口安仁里1号，李涛同志任处长；同年12月迁至现址，钱之光同志任处长。中共中央代表团（对内为中共中央长江局）也在这里办公。1938年1月下旬，新四军军部迁往南昌后，由八路军武汉办事处代办新四军驻汉办事处的一切工作。八路军武汉办事处积极为八路军、新四军筹备粮饷和各种军需物资，开展宣传工作，动员人民群众参加抗日战争，输送大批爱国青年赴延安和抗日前线，并热情接待国内外各界人士，阐明共产党抗日主张，广泛开展抗日民族统一战线活动，为争取抗日战争的胜利作出了重要贡献。周恩来、董必武、秦邦宪、叶剑英、李克农、邓颖超等领导人曾在这里工作。1938年10月25日，武汉失守，八路军武汉办事处工作人员全部撤离。旧址于1944年日军占领期间被美军飞机炸毁。为纪念八路军武汉办事处在抗战中的历史功绩，1978年，根据湖北省委、武汉市委的决定，重新修复旧址，建立八路军武汉办事处旧址纪念馆，1979年正式对外开放。叶剑英为纪念馆题写馆名。八路军武汉办事处旧址纪念馆建筑面积2288平方米。复原陈列有周恩来和邓颖超、秦邦宪、董必武、叶剑英的办公室兼卧室，以及副官室、接待室、办公室等。旧址内有“武汉抗战陈列”展览。八路军武汉办事处旧址纪念馆于1995年被湖北省委、省政府公布为湖北省爱国主义教育基地；2002年被湖北省人民政府公布为湖北省国防教育基地；八路军武汉办事处旧址2013年被国务院公布为全国重点文物保护单位。

石牌抗战遗址

★ 位于湖北省宜昌市夷陵区三斗坪镇石牌村

石牌抗战遗址全景

“七七”事变后，日本全面发动侵华战争。上海、南京、武汉相继沦陷失守，国民党中央政府被迫迁往重庆，险峻的长江三峡成为陪都重庆的天然屏障，石牌天堑成为拱卫重庆的第一道门户。为防止日军由长江三峡西侵，中国军队以石牌要塞为轴心，沿线建设水陆炮台等鄂西防御体系，作为把守重庆的第一道大门。石牌保卫战自1939年3月设立江防军开始，到1943年6月石牌取得决战胜利时止，历时5年，经历了战争防御、相持和决战三个漫长的阶段，中间发生不下百场的战斗，战线铺漫到了宜昌辖区、恩施及整个鄂西。石牌保卫战的胜利，挫败了日军入峡西进的美梦，粉碎了日军攻打重庆的部署，遏制住了日军肆意践踏的铁蹄，是中华民族抗日战争重大军事转折点，被誉为“东方的斯大林格勒保卫战”。该遗址现有保存完好的战壕、炮台、弹药库、饮水池、防空洞、浴血池、野战医院、抗战纪念碑刻等大量抗战遗址遗迹共计16处，总占地面积233.26公顷。2002年，兴建纪念馆，建筑面积440平方米，陈展面积300平方米，收藏抗战实物200余件，珍贵图片近百幅。2004年，建立纪念园，在江边仿照抗战工事复修碉堡、炮台城墙和抗战纪念碑等，建筑面积200余平方米。2014年，为了更好地保护石牌抗战遗址，充分发掘石牌抗战遗址的历史价值和文化资源，石牌抗战纪念馆进行了改扩建工程。石牌抗战遗址于2008年被湖北省人民政府公布为湖北省重点文物保护单位。

江防司令部遗址

石牌抗日纪念馆

鄂豫边区革命烈士陵园正门

烈士纪念馆内

鄂豫边区革命烈士陵园

★ 位于湖北省孝感市大悟县城关镇长征中路39号

武汉沦陷后，中国共产党在武汉外围点燃抗日烽火。李先念等率部在敌后大力发展人民武装，建立了新四军第5师和鄂豫边区抗日民主根据地。鄂豫边区孤悬敌后，地处中原抗日前哨。它由豫南的竹沟、鄂中的汤池、鄂东的七里坪三个战略支撑点起步，逐步扩大到鄂豫皖湘赣5省交界地区的60多个县，从敌人的铁蹄下收复了9万多平方公里的国土，解放了1300多万人民，建立起了7个专区及几十个县政权，成为拥有5万多正规部队和30余万民兵的抗日民主根据地。为纪念鄂豫边区革命英烈，经湖北省人民政府批准，1974年，决定兴建鄂豫边区革命烈士陵园，1984年11月落成。陵园占地面积469亩，主体建筑由陵园大门、鄂豫边区革命烈士纪念碑、中原突围烈士纪念碑、烈士纪念馆、烈士祠及辅助建筑物国防教育馆，纪念广场等组成。烈士纪念馆建筑面积1006平方米，馆内由一个大厅和四个陈列室组成，陈展面积224平方米，分别展示各个革命时期共258名烈士的英名、肖像、简要业绩，馆内还陈列有革命文物及烈士遗物64件。鄂豫边区革命烈士陵园于1986年10月被民政部公布为全国重点烈士纪念建筑物保护单位；1995年被湖北省委宣传部公布为湖北省爱国主义教育基地；1995年被民政部公布为全国爱国主义教育基地；2002年被湖北省人民政府公布为湖北省国防教育基地。

鄂豫边区革命烈士纪念碑

国民革命军陆军第七十三军抗战阵亡将士公墓

★ 位于湖南省长沙市岳麓区桔子洲街道岳王路

1939年9月至1942年1月，侵华日军先后3次大规模进攻长沙。在第九战区司令长官薛岳的指挥下，第七十三军于长沙外围抗击日军。第七十三军将士大都为湖南本地人，作战英勇，使日军进攻受挫，伤亡严重，第七十三军所属各部众多官兵壮烈殉国。1946年春，由七十三军军长韩俊指令专人在岳麓山赫石坡修建公墓。墓区由公墓区和南、北两处纪念设施构成。公墓区由忠义观、陵墓、纪念碑、石阶、墓庐等组成。纪念碑中刻有："陆军第七十三军抗战阵亡将士公墓"。碑阴及两侧分别刻有"凛冽万古"、"碧血丹心光耀天地"、"名山忠骨万古长存"等。纪念碑后为忠义观，供奉七十三军阵亡将士骨灰。忠义观进门为一巷道，分置5室，系七十三军司令部直属部队和各师安放阵亡将士骨灰之所。公墓以红色山岩建砌围墙，设南、北石门，门额分别题刻"蹈仁"、"履义"。整个墓区形式完整，气势宏阔。国民革命军第七十三军抗战阵亡将士公墓于2006年被湖南省人民政府公布为湖南省重点文物保护单位。

第七十三军抗战阵亡将士公墓

第七十三军抗战阵亡将士纪念碑

"三战三捷"摩崖石刻全景

"三战三捷"摩崖石刻碑文

大云山三战三捷摩崖石刻

★ 位于湖南省岳阳市岳阳县大云山国家森林公园

1938年11月，日本侵略军攻占岳阳后，在岳阳盘踞7年之久，期间发生了四次长沙会战。中国守军与日军在新墙河隔水对峙，殊死战守长达7年之久。第一次长沙会战发生在1939年9月14日到10月8日。第二次长沙会战发生在1941年9月至10月；9月7日日军首攻并占领大云山，9月10日杨森部第4军、第20军、第58军一鼓克复大云山。第三次会战发生在1941年12月下旬至1942年1日下旬。李玉堂第10军死守，杨森27集团军、罗卓英19集团军、王陵基30集团军及战区直属部队共11个军包围长沙，歼敌5.7万，取得了湘北会战大捷。1942年8月，杨森由王翦波陪同上大云山检查军事布防。他们上至黄梁伞，抬头望见隆兴宫外一巨大石壁，回想起三次长沙会战中死难的将士，便决定在大云山上刻石纪念。杨森欣然写出"三战三捷"四个大字，并写碑文"倭寇侵我中国，在湘北相持五年，中经大举犯长沙三次，赖民众协力，将士用命，都予击溃。国人正精诚团结，矢志澄清。勒石共勉。杨森题，大中华民国三十一年十二月。"整块石壁178平方米，右边四个大字从右至左排列，每字高2.15米，宽1.81米。左边碑文从右至左竖排，与碑名各占一半面积。第20军第133师师长夏炯题有"三捷泉源"四个大字，同时镌刻在三捷碑东下侧石壁，面积60平方米。大云山三战三捷摩崖石刻于2003年被湖南省人民政府公布为湖南省重点文物保护单位；2013年被国务院公布为全国重点文物保护单位。

"三捷泉源"摩崖石刻

抗日战争湘西会战阵亡将士陵园

★ 位于湖南省怀化市溆浦县龙潭镇肇山村弓形山

抗日战争湘西会战阵亡将士陵园正门

1945年春，抗日战争的最后一次大会战——湘西会战，在溆浦龙潭打响。日军集结了数万兵力，进犯湘西雪峰山一带，旨在争夺芷江机场，侵吞西南。龙潭战役是湘西会战中的一次重要战役。1945年4月，日军109联队，钻隙西进，于4月17日偷袭龙潭，占据鹰形山（后易名英雄山）高地。当时，中国军队74军51师，奉命挥师龙潭，先后展开鹰形山争夺战、松山高地肉搏战、大小黄沙围歼战、马颈骨歼灭战等战斗，历时28昼夜，歼敌两千余众，将日军击溃，国军阵亡将士七百余人。为纪念湘西会战阵亡将士，1945年秋，国民政府在龙潭弓形山修建了湘西会战抗日阵亡烈士陵园，安葬卫国捐躯将士，立碑纪念。由蒋中正、何应钦、陈诚、王耀武等十多位军政要员题词，钱基博教授撰写碑文。“文化大革命”时期大部分建筑被毁。1992年，开始复修，现占地面积8318平方米。陵园主要有浩气门、警钟壁、纪念塔、碑墙、千秋亭、英烈墓等设施。抗日战争湘西会战阵亡将士陵园于2002年被湖南省人民政府公布为湖南省重点文物保护单位；2010年被湖南省人民政府公布为湖南省爱国主义教育示范基地。

抗日阵亡将士公墓牌坊

警钟壁和纪念塔

日军碉堡

日军慰安所内景

三灶岛侵华日军罪行遗迹

★ 位于广东省珠海市金湾区三灶镇

三灶岛侵华日军罪行遗迹，位于珠海市三灶岛，主要包括万人坟、千人坟、日本摩崖文字、日军慰安所、碉堡、弹药库、兴亚第一国民学校遗址、兴亚第二国民学校遗址等，是1938年日本帝国主义侵占三灶岛后，进行军事侵略、屠杀平民、肆虐百姓和实行奴化教育的铁证。1938年1月17日，侵华日军6000多人在三灶岛莲塘湾登陆，设立以腾田中将为首的海陆空军司令部，将三灶岛作为侵略华南的重要军事基地。其后，在岛南部的海澄村，用从朝鲜、台湾等地抓来3000多名劳工修筑机场，并在机场周边各险要山头设置碉堡及弹药库。为镇压岛上民众的反抗，日军对三灶岛进行了血腥的屠杀。在8年时间里日军共屠杀三灶同胞2891人，饿死3500多人，期间还将朝鲜、台湾以及万山、横琴等地抓来的3000多名劳工秘密杀害。1948年和1949年，岛上民众收拾遗骸，由当地华侨、港澳同胞筹款，修建了万人坟和千人坟，保护范围面积达8.5万平方米，另外还留有日本摩崖文字、日军慰安所、碉堡、弹药库、兴亚第一国民学校遗址、兴亚第二国民学校等遗址。三灶岛侵华日军罪行遗迹是日军侵华的重要罪证，对研究华南地区日军侵华及华南人民抗日活动有重要价值和意义。三灶岛侵华日军罪行遗迹于2013年被国务院公布为全国重点文物保护单位。

万人坟全景

西海抗日烈士陵园

★ 位于广东省佛山市顺德区北滘镇西海村烈士中路116号

西海抗日烈士陵园正门

西海是珠江三角洲第一个抗日根据地。抗战时期，中共南（海）、番（禺）、中（山）、顺（德）中心县委就建立在西海。在中心县委的领导和指挥下，西海军民坚持抗战，经历大小战斗30多次。著名的“西海大捷”发生在这里。1941年7月，伪军第20师40旅调集2000多人进驻西海外围，形成包围的态势。10月5日，伪军以1个营的兵力，对西海进行试探性进攻。10月17日凌晨4时，伪军李辅群部第40旅79团、80团、补充1团和伪护沙总队等共2000余人开始行动。西海军民利用蔗林、蕉林、稻田、鱼塘等复杂地形，把伪军打得晕头转向。经过五六个小时的激战，伪军遭到重大伤亡。广游二支队司令部决定对伪第79团实施包围聚歼，后又对伪军第80团和补充1团进行反击，将其击溃。抗日游击队不足300人的劣势兵力，歼灭伪军1个团，击溃2个团和1个护沙总队，俘敌110余人，缴获400余枪支、子弹1万余发，创造了珠江三角洲敌后抗战以来以少胜多的著名战例。1952年，为纪念抗日战争时期顺德“西海大捷”和历次战斗中牺牲的革命烈士，顺德县在珠江纵队广游二支队当年活动所在地、西海建立抗日烈士纪念陵园。陵园由烈士纪念碑、烈士陵园、革命文物陈列馆三部分组成。纪念碑高约10米，正面刻有原珠江纵队司令、广东省副省长林锵云题“西海抗日战争烈士纪念”。后经重修扩建，面积增至3万多平方米，陈列文物300余件。西海抗日烈士陵园于1982年被广东省人民政府公布为广东省重点文物保护单位；1989年被广东省人民政府公布为广东省重点烈士纪念建筑物保护单位。

西海抗日烈士纪念碑

西海抗战文物陈列馆

大岭山抗日根据地旧址全景

广东东江纵队纪念馆全景

大岭山抗日根据地旧址

★ 位于广东省东莞市大岭山镇大王岭村

1940年10月，广东人民抗日游击队第三大队根据中共前线东江特委的指示，挺进东莞大岭山地区，开辟了大岭山抗日根据地。该旧址是东江纵队主要领导人指挥东宝地区的抗日游击战争的机关所在地，在华南地区的抗战过程中具有重要的历史地位。大岭山抗日根据地旧址有：大家团结报社旧址、交通站旧址、会议室旧址、大队部旧址、操场旧址、粮食加工厂旧址、中山书院旧址、医务所旧址、连平联乡办事处旧址9个文物旧址，保留了当年抗日游击队在军事斗争、后勤保障、文化事业以及建设抗日民主政权等方面的历史信息。2005年，依托大岭山抗日根据地旧址建设广东东江纵队纪念馆。该馆占地面积53319平方米，建筑面积3989平方米；主体建筑具有鲜明的抗战时期岭南客家建筑风格，内设基本陈列展厅、临时展厅、报告厅、贵宾室等，楼顶设观景台，可尽览大王岭抗日古村落、百花洞战场和大岭山镇新貌。大岭山抗日根据地旧址于2002年被广东省人民政府公布为广东省重点文物保护单位；2006年被国务院公布为全国重点文物保护单位。

广东东江纵队纪念馆内

八路军桂林办事处旧址

★ 位于广西壮族自治区桂林市叠彩区中山北路14号

八路军桂林办事处旧址正门

1938年，中共中央决定在重庆、桂林设立八路军办事处。八路军桂林办事处当时选定租用桂北路138号黄旷达先生的万祥糟坊作为对外办公地点，同时又在桂林城北的路莫村租用几间民房作为办事处的电台室、救亡室、军需物资转运站和接待我党过往人员的招待所，以及新四军驻桂联络处。1938年11月下旬，八路军总部秘书长李克农亲率武汉“八办”部分人员及新华日报社部分人员抵达桂林，八路军桂林办事处正式建立。八路军桂林办事处设立期间，在对桂系统战工作、筹运抗日物资、迎送中共重要过往人员、领导桂林抗战文化运动等方面做了大量卓有成效的工作。1941年，皖南事变后，该办事处奉命撤销。1944年11月，桂林沦陷，万祥糟坊毁于战火。1967年，桂林市人民政府对办事处旧址进行了修整。旧址占地1500平方米，建筑面积800余平方米，为三进两层木楼，大小房屋14间，小青瓦屋顶。1977年，成立纪念馆，陈列的“抗日烽火映桂林”展览，再现了八路军桂林办事处从建立、发展到结束的整个光辉历程和桂林“抗战文化城”这一独特现象。八路军桂林办事处旧址于1996年被国务院公布为全国重点文物保护单位；2001年6月被中共中央宣传部公布为全国爱国主义教育示范基地；2004年被全国红色旅游工作协调小组公布为全国红色旅游经典景区；2009年9月被国家国防教育办公室公布为国家国防教育示范基地。

八路军桂林办事处旧址

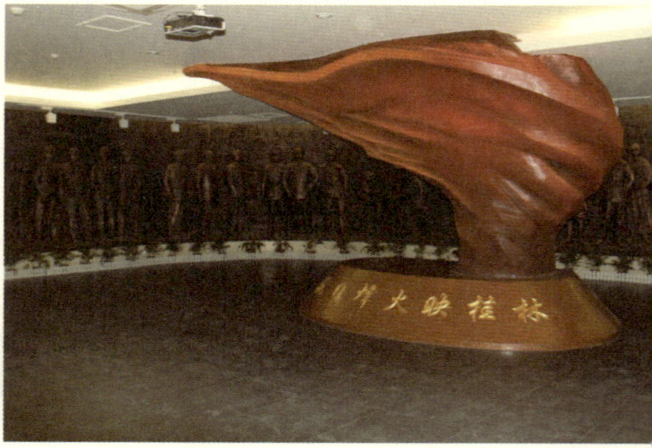

八路军桂林办事处旧址展厅

六连岭烈士陵园正门

六连岭烈士纪念碑

六连岭烈士陵园

★ 位于海南省万宁市和乐镇六连村

抗日战争时期，六连岭根据地武装由10多名短枪战士发展为琼崖抗日独立总队第九中队，继而发展为人数达900多人的琼崖抗日总队第三支队。中共乐万县委和乐万县抗日民主政府也在六连岭成立，琼崖抗日军政学校、琼崖党校、军械厂、第三支队医院都在六连岭创办，六连岭根据地成为琼崖东区人民抗日的大本营，为中国革命和海南的解放斗争立下了不可磨灭的功勋。为纪念六连岭革命斗争而牺牲的近千名烈士，1961年，万宁县（今万宁市）人民政府在六连岭东麓兴建纪念碑和纪念亭。1976年，扩建为六连岭烈士陵园。陵园占地面积242亩，建筑面积1000多平方米。海南省委第一任书记许士杰题写园名。大门上方刻有朱德题诗："六连岭上现彩云，竖起红旗革命军。二十余年游击战，海南人民树功勋。"陵园主要建筑物有：纪念碑、纪念亭和陈列馆等。纪念碑高14米，正面刻着"革命烈士永垂不朽"；纪念亭3个，亭壁上书写着朱德和董必武的诗词；陈列馆约200平方米。六连岭烈士陵园于1989年被民政部公布为全国重点烈士纪念建筑保护单位；2009年被中共中央宣传部公布为全国爱国主义教育示范基地；2012年被国家国防教育办公室公布为国家国防教育示范基地。

六连岭烈士陵园纪念亭

国民参政会旧址

★ 位于重庆市渝中区中华路174号

国民参政会是抗日战争时期国民政府设立的最高咨询机关，是一个具有广泛政治影响的议会机构。汪精卫、蒋介石先后任该会议长，邵力子任秘书长。共产党代表毛泽东、林祖涵、吴玉章、董必武、陈绍愚、秦邦宪、邓颖超被聘为国民参政员。国民参政会是抗战时期国共两党第二次合作的产物，是国民政府成立的最高咨询机关，也是中国民主政治进程中的一次重要的实践。国民参政会对于团结全国人民，发扬抗日民主，推动全面抗战起了积极作用。国民参政会旧址始建于二十世纪二三十年代。该楼为二层一底中西式砖木结构建筑，面阔23.1米，进深22.3米，楼高17.4米，共有房间21间，建筑面积1487.2平方米。国民参政会旧址于2000年被重庆市人民政府公布为重庆市重点文物保护单位；2013年被国务院公布为全国重点文物保护单位。

国民参政会旧址

国民参政会旧址内

重庆宋庆龄旧居正门

重庆宋庆龄旧居全貌

保卫中国同盟总部旧址（重庆宋庆龄旧居陈列馆）

★ 位于重庆市渝中区两路口街道新村5号

重庆宋庆龄旧居建于20世纪30年代，占地面积1200平方米，总建筑面积为760平方米。该址现已开辟为重庆宋庆龄旧居陈列馆。1938年3月，宋庆龄邀请在港的中外著名人士发起筹建保卫中国同盟，同年6月在香港九龙成立，由宋庆龄担任主席。保卫中国同盟是一个争取国际援助以帮助中国抗战的救济工作机构。1941年12月，香港沦陷后，宋庆龄离开香港飞往重庆。1942年8月，“保盟”中央委员会在重庆重新建立，宋庆龄担任主席，办公地点设在宋庆龄的寓所。在重庆组织举办多次义演、义卖、义赛等募捐活动，筹集资金来援助难民、难童和贫困作家，赈济伤兵和儿童；把大批的药品，医疗器械和其他救援物资送到八路军、新四军及抗日根据地人民手中，并积极介绍和输送外国医生到抗日根据地工作。“保盟”在重庆坚持抗战四年，促进了中国抗日战争的最后胜利。1945年11月，宋庆龄离渝返沪，“保盟”也随之迁往上海，更名为“中国福利基金会”。重庆宋庆龄旧居陈列馆于2000年被重庆市人民政府公布为重庆市重点文物保护单位；2013年被国务院公布为全国重点文物保护单位。

重庆宋庆龄旧居内

同盟国中国战区统帅部参谋长官邸旧址
（重庆史迪威博物馆）

★ 位于重庆市渝中区嘉陵新路63号

史迪威是第二次世界大战期间著名的美国将领。1942年初，史迪威将军受美国总统罗斯福之命来华，担任同盟国中国战区统帅部参谋长和中缅印战区美军总司令等职。抗战期间，史迪威将军积极协助中国政府和中国人民抗击日本帝国主义的侵略，在训练中国驻印军队、收复缅甸、打通中印公路等方面作出了卓越贡献。重庆史迪威旧居建于20世纪30年代。旧居是砖混结构，两楼一底，占地2010平方米，建筑面积1485.48平方米。1942年3月，史迪威将军来华后，成为史迪威将军在重庆的官邸，其时间长达2年又8个月。该处既是史迪威将军在渝的旧居，又是第二次世界大战时期中外军事交流的重要场所。为纪念史迪威将军对中美两国人民共同抗击日本法西斯侵略所做的卓越贡献，1991年，重庆市人民政府将旧居收回并维修，同年旧居陈列馆挂牌。1994年对外开放，2000年11月正式更名为“重庆史迪威博物馆”。重庆史迪威博物馆于2000年被重庆市人民政府公布为重庆市重点文物保护单位；2013年被国务院公布为全国重点文物保护单位。

重庆史迪威旧居内

重庆史迪威旧居全景

和平村旧址全景

和平村旧址米库

和平村旧址

★ 位于贵州省黔东南苗族侗族自治州镇远县㵲阳镇和平街150号

和平村旧址全称为“在华日本人民反战同盟和平村工作队旧址”。1938年2月，国民政府在湖南常德盐关建立“国民政府军政部第二俘虏收容所”，收容长江以南日俘。1939年3月，收容所辗转迁至镇远县“国民政府贵州省第二模范监狱”。1941年，在周恩来任副部长、郭沫若任厅长的国民政府军事委员会政治部第三厅及日本反战作家鹿地亘、池田幸子夫妇的推动下，于镇远县“第二日俘收容所”建立“在华日本人民反战同盟和平村工作队”。以被俘日军少尉长谷川敏三为队长的150多人加入了组织，在从事统战工作的康天顺主持下，编印反战杂志，演出反战剧目，演唱反战歌曲，开展反战宣传。1944年12月，在镇日俘迁往重庆，收容所改作“镇独师管区”军官训练队用。旧址由券门、米库、卫兵室、哑子室、办公楼、大礼堂、水井、病栋、厨房、澡堂、运动场、卫生所及夯土墙、监视塔等构成，占地6421.8平方米。办公楼底层设有办公室、会客室、职员室、审训室，二层设有训练班、研究班、新生班、女俘室等。办公楼外左侧建有禁闭室，靠墙处建有女监室；办公楼后部建有大礼堂，礼堂后部建有讲台；两侧楼上楼下辟有监房，是关押日俘的主要场所；礼堂外建有卫生所、重犯室、水井、厨房、洗澡间、事务室、露天讲台和大运动场等；四角分别建有监视塔各1座；后墙外、山麓内掘有防空洞。1987年，在和平村旧址内举办文物展览，建立了文博陈列室。和平村旧址于1985年被贵州省人民政府公布为贵州省重点文物保护单位；2006年被国务院公布为全国重点文物保护单位。

和平村陈列室内

国立西南联合大学旧址

★ 位于云南省昆明市五华区一二一大街298号云南师范大学一二一西南联大校区

国立西南联合大学旧址入口

抗日战争爆发后，北京大学、清华大学、南开大学三所著名高校于1938年4月辗转迁至昆明，合组为国立西南联合大学（简称“西南联大”），至1946年5月西南联大办学使命宣告完竣。西南联大这所与抗日战争相始终的战时大学，在艰苦的抗战环境下为保存中华民族的教育文化命脉作出了重大贡献。八年抗战期间，西南联大就读学生8000余人，毕业生约4000人，其中有1000余名学生投笔从戎，奔赴抗日战场，他们或为盟军充当译员，或加入中国远征军参加滇西、缅北反攻，或加入空军部队，部分学生（如黄维、缪弘、曾仪、吴若冲、朱谌等）牺牲在抗日战场。国立西南联合大学旧址占地46000多平方米，有国立西南联合大学抗战以来834名从军学生题名碑、国立西南联合大学纪念碑、国立西南联合大学革命烈士纪念碑、“一二·一”运动四烈士墓、李公朴和闻一多先生衣冠冢等历史遗址。1985年，云南师范大学在西南联大旧址上修建国立西南联合大学校史陈列室、“一二·一”运动纪念馆。2004年，国立西南联合大学校史陈列室改扩建为国立西南联合大学纪念馆，纪念馆建筑面积2332平方米，展厅面积1422平方米，馆藏文物7247件。国立西南联合大学旧址于1997年被中共中央宣传部公布为全国爱国主义教育示范基地；2005年被全国红色旅游工作协调小组公布为全国红色旅游经典景区；2006年被国务院公布为全国重点文物保护单位。

国立西南联合大学纪念馆内

“一二·一”运动四烈士墓

抗战胜利纪念堂全景

人民英雄纪念碑远景

抗战胜利纪念堂

★ 位于云南省昆明市五华区云瑞西路49号

抗战胜利纪念堂原址为清云贵总督衙门。1945年12月22日奠基，1946年12月28日落成，占地面积28.12亩。为纪念抗日战争胜利，命名为“抗战胜利堂”。它是中西合璧式民国建筑，其结构严谨，整体平面为战机造型，与南门外的云瑞公园和云瑞东、西路两侧的环形建筑组合成金樽酒杯造型。1950年，云南和平解放后，在此召开了第一届云南各族各界人民代表会议，更名为人民胜利堂。2006年，被国务院公布为全国重点文物保护单位，恢复名称为抗战胜利纪念堂。与抗战胜利纪念堂相呼应的云南人民英雄纪念碑，碑体高26米，碑体的四幅主题浮雕，分别反映了“讨袁护国”、“团结抗战”、“民主运动”、“胜利会师”等云南各个历史时期的重要场面。云南人民英雄纪念碑于1997年被云南省委、云南省人民政府公布为云南省爱国主义教育基地；2000年被共青团中央公布为全国青少年教育基地；2005年被云南省人民政府公布为云南省国防教育基地；2006年被国务院公布为全国重点文物保护单位。

人民英雄纪念碑

松山战役旧址

★ 位于云南省保山市龙陵县腊勐乡大垭口村

松山是第二次世界大战滇西抗日的主战场，也是中国抗战收复的第一片国土。中国远征军先后约4万余人于1944年6月4日对松山的日军发动进攻，至9月7日攻克松山，苦战3个月零3天，取得战役胜利，全歼日军1260余人。松山战役是中国南方抗战最大的战役之一，是中国抗战进入战略反攻阶段的重要标志。松山战役旧址是目前保存最为完好的“二战”战场遗址之一，保护区建设控制地带5.92平方公里、遗址保护区1.64平方公里，现存中国远征军第8军103师抗战阵亡将士纪念碑、遗址69处、遗迹816个，保存完好的战壕约13200米。2013年9月3日，在旧址处建成中国远征军雕塑群，由402座单体雕塑组成，分将军、夏装士兵、秋装士兵、冬装士兵、驻印士兵、娃娃兵、女兵、跪射兵、炮兵、在世老兵、战马、吉普车12个方阵。雕塑以士兵为主体，选取戴安澜、史迪威、孙立人等22位将军为军官代表，突出傅心德、刘桂英、鲍直才等28位在世中国远征军老兵。松山战役旧址于1998年被云南省人民政府公布为云南省爱国主义教育基地；2006年被国务院公布为全国重点文物保护单位，被全国红色旅游工作协调小组公布为全国红色旅游经典景区。

松山战役坑道

中国远征军雕塑群

中国远征军第8军103师抗战阵亡将士纪念碑

南洋华侨机工回国抗日纪念碑

★ 位于云南省德宏傣族景颇族自治州瑞丽市畹町经济开发区国家森林公园

1939年，在南洋华侨领袖陈嘉庚先生号召下，来自马来西亚、新加坡、泰国、缅甸、越南、菲律宾、印度尼西亚等地的3200余名南洋华侨青年机工，组成南洋华侨机工回国抗战服务团，分九批回国，投身于抗日救国服务工作。他们在滇缅公路上抢运军需物资、维修车辆，为抗战提供后勤保障，有力地支援了人民抗战。从滇缅公路通车到滇缅公路被日军封锁，三年多时间里，华侨机工将盟国支援中国抗战的近45万吨物资通过滇缅公路运到抗战前线。其间，约有1600余名南洋华侨机工为祖国抗战事业献出生命。为纪念南洋华侨机工的历史功绩，2005年德宏傣族景颇族自治州人民政府在畹町国家森林公园大门左侧兴建南洋华侨机工回国抗日纪念碑。纪念碑的碑体高16米，上端四条金色横带，代表抗战时期四万万同胞。南洋机工荣誉证章横带其间，标志着海内外同胞同心抗战。纪念碑的底座宽6米、高3米共3层，寓意“九三”抗战胜利。纪念碑的正前面是陈嘉庚先生雕像，纪念碑的正后面是浮雕长廊。浮雕长廊记述了南洋华侨机工回国抗战历史，分为召唤篇、送别篇、筑路篇、铁流篇、蹈火篇、胜利篇。南洋华侨机工回国抗日纪念碑于2005年被中华全国归国华侨联合会公布为中国侨联爱国主义教育基地；2009年被云南省委、省人民政府公布为云南省爱国主义教育基地。

浮雕长廊

南洋华侨机工回国抗日纪念碑

陈嘉庚雕塑

怒江驼峰航线纪念馆正门

怒江驼峰航线纪念馆全景

怒江驼峰航线纪念馆内

怒江驼峰航线纪念馆

★ 位于云南省怒江傈僳族自治州泸水县片马镇

片马镇，由于地理、历史原因，曾是“二战”时期著名的空中走廊——驼峰航线的必经之地。1942年，日军占领缅甸后，切断了中国通向海洋的最后通道滇缅公路。为了确保战略物资的运送，中美双方开辟了一条空中运输线——驼峰航线。这条航线运输了大量战略物资和人员，为中国抗战和世界反法西斯战争作出了巨大的贡献。由于雪山峡谷气候恶劣，加上日军飞机侵袭，中美双方损失飞机超过600架，牺牲1500多人，写下了世界空运史上最为悲壮惨烈的一页。据不完全统计，坠毁于怒江境内的飞机有31架。在纪念馆中修复拼装的这架C－53运输机，是1943年3月11日由美国飞行员吉米·福克斯和中国飞行员谭宣、王国梁驾驶的中国航空公司飞机，从昆明巫家坝机场飞往印度汀江途中，因遇强气流而在片马丫口附近坠毁，飞行人员失踪，至今下落未明。1996年6月，坠机残骸在高黎贡山原始深林被发现，经多方面努力于1998年在云南省人民政府的支持下将残骸切割成3部分，从高黎贡山上搬运到片马镇。为纪念驼峰航线，泸水县委、县政府决定筹资建以C－53坠机残骸为主体的纪念馆。2004年7月6日，怒江驼峰航线纪念馆破土动工，2005年12月21日正式对外开放。美国飞虎队总司令陈纳德将军夫人陈香梅女士题写馆名。对这架坠毁的C－53型运输机进行了拼装复原，再现当年驼峰航线飞机英姿。怒江驼峰航线纪念馆占地面积4242平方米，建筑面积1209.98平方米。纪念馆陈展包括C－53型运输机坠机原型展、驼峰坠机残骸展、驼峰航线示意图展、驼峰航线相关知识图片展四个展区。

八路军西安办事处纪念馆

★ 位于陕西省西安市新城区北新街七贤庄

八路军西安办事处纪念馆正门

八路军驻陕办事处成立于1937年9月，1946年9月撤销。这是中国共产党设立在国民党管辖区的第一个公开合法的办事机构，主要工作是开展统一战线工作，输送进步青年去延安，为陕甘宁边区和前方采购、转送战略物资。中国共产党、八路军的主要领导人周恩来、朱德、刘少奇、彭德怀、叶剑英、邓小平、林伯渠、董必武等曾多次留驻办事处并指导工作。为缅怀先辈的革命业绩，继承和发扬光荣传统和革命精神，1959年成立八路军西安办事处纪念馆。馆内收藏文物525件、回忆录600余篇、历史照片3000多张，记录了八路军西安办事处在抗战期间作为“红色堡垒”、“红色兵站”、“红色桥梁”的历史。目前纪念馆分为旧址展览区、陈列展示区、文化休闲区和办公区。现开放展区有一号院旧址陈列、三号院统战科旧址、四号院采办委员会暨经理科旧址及七号院联合招生委员会旧址，基本陈列为“千秋七贤庄——八路军驻陕办事处史实展”、专题展有“伟大的女性——海伦·福斯特·斯诺在中国”、“共同的记忆——公谊救护队”、“光辉的历程——中国共产党西安历史展”和“永远的丰碑——全国八路军办事处史实展”。八路军西安办事处旧址于1988年被国务院公布为全国重点文物保护单位；八路军西安办事处纪念馆于1997年被中共中央宣传部公布为全国爱国主义教育示范基地；八路军西安办事处旧址2006年被全国红色旅游工作协调小组公布为全国红色旅游经典景区。

八路军西安办事处纪念馆一号院

周恩来住室

中国人民抗日军政大学纪念馆

★ 位于陕西省延安市宝塔区北二道街

中国人民抗日军政大学纪念馆内

中国人民抗日军政大学于1936年6月1日正式成立（始称中国人民抗日红军大学，1937年1月19日改名为中国人民抗日军政大学），毛泽东任中国人民抗日军事政治大学教育委员会主席。至1945年，抗战胜利，总校先后办学八期，并在全国创建了12所抗大分校、5所陆军中学和1所附属中学。培养了十多万名德才兼备的抗日军政干部，对夺取抗日战争的胜利，奠定了坚实的军政人才基础，为中国革命作出了不可磨灭的贡献。为了纪念中国人民抗日军政大学的光辉历史业绩，弘扬抗大精神，1964年，延安市人民政府在原址上修建了中国人民抗日军事政治大学校史陈列室。2003年，在原址上修复了抗大校门，修建了中国人民抗日军政大学纪念馆，2004年10月1日纪念馆正式对外开放。纪念馆展厅面积1200平方米，共分为六个单元，陈列展出了100多件文物和400多幅历史照片，运用半景画、场景复原等艺术手法和声光电等现代陈列手段，全面展示了抗大的历史风貌。中国人民抗日军政大学纪念馆于2004年被中国人民解放军国防大学公布为延安教学基地；2013年被共青团陕西省委公布为陕西省青少年教育基地。

中国人民抗日军政大学校门

中国人民抗日军政大学纪念馆序厅

八路军驻新疆办事处纪念馆前厅

八路军驻新疆办事处纪念馆内

八路军驻新疆办事处纪念馆

★ 位于新疆维吾尔自治区乌鲁木齐市天山区胜利路392号

八路军驻新疆办事处是抗战时期中国共产党领导新疆民众抗日救国的办事机构所在地。陈云、滕代远、邓发及陈潭秋等先后任中国共产党驻新疆代表和八路军驻新疆办事处负责人。1937年至1942年，中共派驻新疆的代表在此居住和办公。同时八路军驻新疆办事处又是共产党的工作人员来往于延安、苏联途中在乌鲁木齐停留时的招待所，周恩来、邓颖超、任弼时、王稼祥等同志均曾在这里留宿过。1961年，八路军驻新疆办事处旧址被乌鲁木齐市人民委员会命名为乌鲁木齐市革命烈士纪念馆；1962年10月1日对外开放。1965年，革命烈士纪念馆被自治区人民政府更名为“八路军驻新疆办事处纪念馆”。1974年，董必武亲笔题写馆名。纪念馆占地面积1100平方米，文物旧址建筑面积503.6平方米。八路军驻疆办事处纪念馆现有馆藏文物4000余件，陈展内容有四大方面：陈云、滕代远、邓发及陈潭秋等人的革命事迹；抗日民族统一战线的形成专题；推动新疆地区的社会进步与发展专题；忠贞不屈的革命战士展。八路军驻新疆办事处旧址于1962年7月被新疆维吾尔自治区人民政府公布为自治区重点文物保护单位；2009年被中共中央宣传部公布为全国爱国主义教育示范基地。

八路军驻新疆办事处纪念馆正门

乌鲁木齐市烈士陵园

★ 位于新疆维吾尔自治区乌鲁木齐市天山区燕儿窝路524号

乌鲁木齐市烈士陵园正门

纪念广场

乌鲁木齐烈士事迹陈列馆

《红色—记忆》雕塑墙

1937年7月7日，“卢沟桥事变”后，国内外形势发生骤变。1937年8月20日，蒋介石发表全面抗战演讲，表示愿意与中共一道共同抗击日寇侵略。这时，新疆督办盛世才一改反共立场，奉行亲苏政策，发电邀请中共派员协助其政府工作。1937年10月，党中央经过仔细研究后，决定抽调50余名得力干部，从延安奔赴新疆，在乌鲁木齐成立八路军驻新疆办事处。办事处成立后就积极投入工作，其中毛泽东的胞弟毛泽民还担任新疆民政厅长（后改任财政厅长）。同志们积极宣传马列主义及毛泽东著作《论持久战》等，先后创办了《新疆日报》、《阿克苏日报》、《喀什日报》等，还针对新疆教育十分落后的状况，筹建了多所小学和中学。由于中共人员热心帮助，勤奋工作，短短几年，贫困落后的新疆发生了重大变化，不但民族矛盾趋于缓和，而且抗日统一战线更是红红火火。滕代远、马明方、陈潭秋等一批重要人物先后担任过办事处主任。党和政府为纪念抗日战争时期牺牲在新疆的中国共产党创始人之一陈潭秋，以及毛泽民、杜重远、林基路、乔国桢、吴茂林、祁天民、陈振亚、汪德祥、彭仁发等革命烈士，于1956年7月修建乌鲁木齐市烈士陵园。陵园内主要纪念建筑物包括：纪念广场、祭台、“红色——记忆”雕塑墙、乌鲁木齐烈士事迹陈列馆、陈潭秋烈士雕像、公安英烈纪念碑及“恩泽苑”等。乌鲁木齐市烈士陵园于1986年被民政部公布为全国重点烈士纪念建筑物保护单位；1997年被中共中央宣传部公布为全国爱国主义教育示范基地。

乌蛟腾抗日英烈纪念碑

★ 位于香港特别行政区新界沙头角乡乌蛟腾村

1941年12月8日，日本发动太平洋战争，港九新界沦为日本侵略者的占领区。乌蛟腾村位于新界沙头角村，群山环抱，古道纵横，河溪交错，是通往新界东北区的要冲，曾是东江纵队港九大队沙头角中队的根据地之一。日军曾对乌蛟腾村及其周围村庄发动了大小扫荡10余次，每一次扫荡，游击队队员在村民的掩护下，都能成功逃脱。1942年9月25日（农历八月十六）拂晓，日军出动百余精兵，包围了乌蛟腾村，强迫群众交出自卫武器和供出游击队员，村长李世藩、李培源挺身而出，不怕灌水，不怕火烧，不怕军马践踏，坚贞不屈，壮烈牺牲。日本的残暴统治，激起了广大群众的民族仇恨，抗战时期乌蛟腾的村民，特别是青年男女，纷纷参加港九人民抗日游击队，英勇杀敌。乌蛟腾村有李世藩、李宪新、李天生、李志宏、李官盛、李伟文、王志英等烈士献出了宝贵的生命。为了纪念抗日英烈，村民在旅居南洋华侨李源勋先生的倡议下，募集资金筹建纪念碑。1951年10月，纪念碑落成，村民自定每年农历八月十六为祭祀日。1984年底，乌蛟腾村海外联谊会成立乌蛟腾抗日烈士纪念碑修葺筹备委员会，在海外侨胞中发起筹款。在修葺过程中，原东江纵队司令员曾生访问乌蛟腾村，建议纪念碑的碑名改为“抗日英烈纪念碑”，并亲笔题字。修葺工程于1985年8月正式动工，同年10月，纪念碑隆重揭幕。2010年，北区区议会拨款在乌蛟腾村口近新娘潭路的地方重建乌蛟腾烈士纪念园；9月23日，纪念园落成。纪念碑仍用曾生的题名，其下方增加“浩然正气”四个字，纪念碑牌坊的对联为老村长李源培的遗墨。

抗日英烈纪念碑

乌蛟腾烈士纪念园正门

后 记

在中国人民抗日战争暨世界反法西斯战争胜利70周年之际，我局编辑出版了《国家级抗战纪念设施、遗址》和《著名抗日英烈和英雄群体》丛书。该书通过丰富翔实的文字、图片介绍，使读者更加全面地了解中国人民艰苦卓绝的抗战历程，学习缅怀顽强奋战、为国捐躯的抗日英烈，教育引导人们“铭记历史、缅怀先烈、珍爱和平、开创未来”。

从2014年2月开始，由民政部牵头，会同军地14个部门开展抗战设施、遗址和抗日英烈资料的收集遴选、核实论证等工作。期间，我们通过网上征集、各地推荐上报等方式，广泛征集抗战纪念设施、遗址和抗日英烈资料；联系协调国家档案馆、中国第二历史档案馆、解放军档案馆、地方党史史志、烈士陵园等部门和单位，查阅大量档案资料和史料书籍；安排专人赴全国27个省、自治区、直辖市实地查看抗战纪念设施、遗址的实际情况，了解掌握一手资料；邀请社会科学院近代史研究所、八路军山东抗日根据地研究会、北京新四军研究会等研究机构的专家参与英烈事迹整理；先后多次组织中央党史研究室、社会科学院、军事科学院、国家博物馆、军事博物馆、解放军后勤学院等单位的专家进行集中研究讨论，并征求相关部门和各地意见。经过多方共同努力，最终完成国家级抗战纪念设施、遗址和著名抗日英烈的遴选整理和编撰核实工作。在丛书编辑出版过程中，也得到了中华英烈褒扬事业促进会、中国宋庆龄基金会的有力支持。在此，对所有给予我们帮助支持的部门、单位和个人表示衷心的感谢。

在编写过程中，我们主要以官方档案和史料为依据，但由于时间久远及战争原因，许多抗日英烈的原始资料和事迹没有得到完整保存和记载，再加上编撰时间紧张，书中内容可能存在疏漏，希望有关专家、学者和广大读者批评指正。

编 者

2015年9月